挺進南北極

國 立 中 央 大 學

「挺進南北極」貴賓大合照。左起：李欣倫、鄭有利、朱建銘、楊恩生、
林文淇、綦振瀛、李瑞騰、林映岑、張文和、郭陳澔、張竑瑜、朱慶琪。

綦振瀛副校長致詞。

科教中心朱慶琪主任擔任專題演講主持人。

文學院林文淇院長致詞。

地科系郭陳澔分享北極的經驗。

太空系林映岑分享南極的夥伴。

地科系張文和介紹在北極的研究。

座談活動

照片集錦

致贈紀念品給座談會貴賓。左起：鄭有利、朱建銘、綦振瀛、楊恩生、李欣倫、李瑞騰。

人文研究中心李瑞騰主任擔任座談會主持人。

畫家楊恩生分享畫作與南北極的經驗。

醫師朱建銘分享南北極的動物。

旅行家鄭有利介紹南北極的大小事。

中文系李欣倫進行觀察報告。

人文與科學的對話

周景揚

　　本校今年在台復校一甲子，回想當年藉「國際地球物理年」，並結合中油台探總處在苗栗探採天然氣的基礎，成立地球物理研究所，其後才漸次發展出理學院及地球科學學院。

　　這個包含地球、太空、大氣、地震、天文、水文等學科的知識範疇，多年來一直是本校的強項，探測未知，培訓國家科學人才，發展科技產業；最近幾年前進南北極地的冒險研究，成果豐碩，揚名海內外。

　　2021年11月2日，地球科學院曾在院週會安排本校南北極科學家為學生同台演說，邀請的正是在南極過冬研究，紀錄了1600個小時的第一手光學雷達資料的太空系林映岑助理教授；以及率領本校北極探索隊進行冰震調查的地科系郭陳澔教授，談他們深入極地的科研旅程，讓人驚奇與感動。

　　2021年12月17日，研發處和人文研究中心聯合辦理了一場特別的「挺進南北極」演講座談活動，邀請地科系郭陳澔教授、波蘭籍張文和助理教授和太空系林映岑助理教授，以小型專題演講方式分享他們在南北極的體驗及心境；同時邀請畫家楊恩生、旅行家鄭有利和醫師朱建銘到場座談，分享他們多次探訪南北極的所見所聞，作家李欣倫則以南北極詩文探討極地旅行寫作及生態關懷，展開一場罕見而精彩的人文與科學的對話。

在美國有一個科學人討論人文的熱門網站Edge.org，創辦人兼編輯約翰‧布羅克曼（John Brockman）致力建構「第三種文化」（The Third Culture），意在「跨越科學與人文的鴻溝」，所著《新人文主義：從科學的角度觀看》（The New Humanists: Science At the Edge，2003）希望從現實面高科技發展的立場，觀看最務實且正確的人文主義表現。誠然，欠缺人文關懷的科學主義是偏頗的、冰冷的；沒有科學精神注入的人文主義是蹩腳的、虛無的，此即人文的科學主義及科學的人文主義。

　　本校校務發展計畫導入人文關懷並立為主軸之一，為積極落實而新設人文藝術中心，由人文研究中心、藝文中心及崑曲博物館整合而成，除積極推動原有的藝文展演外，在校園人文深耕的實務上納入「人文與科學的對話」，前年出版之《小行星的故事》，因其事務有進一步之發展，正研擬增訂再版，現在更準備將「挺進南北極」活動製作成專書，活潑呈現科研人員深入極地的聞見思感以及多元的人文考察。

　　很高興看到這本書的出版，感謝聯合辦理活動的研發處、人文研究中心、科學教育中心。如所周知，語言轉換成文字、稿件處理及編排設計等，皆極繁瑣，新成立的人文藝術中心在這方面勞力費心，特別感謝。

目次 CONTENTS

|序|

周景揚　人文與科學的對話　　　　　　　　6

|前言|

綦振瀛　讓我們一窺極地神祕的世界　　　10

林文淇　跨出去，打開新的視野　　　　　11

專題演講

|講者簡介|　　　　　　　　　　　　　　12

|專題演講 1|

朱慶琪　我的頭髮裡面有冰川的顏色　　　14

郭陳澔　喝到冰川的威斯忌　　　　　　　15

張文和　氣候暖化，冰川退縮，地上升　　18

|專題演講 2|

朱慶琪　為什麼風一吹竟然斷掉一根肋骨？　28

林映岑　南極教／交會我人生的人　　　　29

綜合座談

講者簡介		42
李瑞騰	人文與科學一場真正的對話	44
楊恩生	燈光亮的時候，北極熊給我一個熱吻	45
朱建銘	北極熊、獨角鯨、馴鹿	54
鄭有利	南極很大，可以旅遊的點非常少	60
楊恩生	企鵝一隻一隻跳，海豹等著吃牠	70
朱建銘	每個季節去，看到的都不一樣	76
鄭有利	不希望把不好的東西留在那裡	84
李欣倫	文學家是怎麼樣來捕捉南極或北極的畫面	90

附錄

人文與科技對話——挺進南北極	98
第一座台灣極地研究站——北極冷岸群島正式揭牌成立	100
北極冰川消融第一手觀測 ——中央大學北極探索隊打開國際能見度	104
編後記／李瑞騰	108

讓我們一窺極地神祕的世界

綦振瀛

　　李主任、朱主任，各位現場及線上的貴賓，還有我們的老師、同學，大家午安。今天非常高興能跟大家相聚在一起，參加「挺進南北極」的活動，相信各位在之前已經從一些相關的新聞報導，聽說過郭陳澔教授、林映岑教授在北極、南極做研究的事情。身為中大的一員，我們覺得非常光榮。看過他們的報導之後，我們覺得在這個科學活動以外，應該還有其他層面的事情，值得我們更進一步的來思考、探索，所以就促成今天的活動。今天也要跟各位介紹，中央大學是以成為一所深具人文關懷的一流大學為願景，所以辦理這場活動就是對於這個願景的具體實踐與回應。

　　這個活動，我們除邀請郭陳澔、林映岑兩位教授以外，還有張文和教授，他也會來分享他的所見所聞以及他的心得。我們主辦單位也特別策劃了一場座談，邀請了畫家楊恩生教授、旅行家鄭有利先生、朱建銘醫師，他們都會來分享在南極北極的所見所聞，以及他們的感動。同時也邀請本校中文系的李欣倫教授，李教授是一位知名的散文作家，她會用旅行以及寫作的觀點，就她的觀察提出看法。

　　今天有這樣的一個活動，真的是要謝謝我們主辦單位研發處以及人文研究中心，為我們搭建了一個可供我們科學與人文對話的空間，讓我們在禮拜五的下午，以輕鬆的心情，拋開一切的牽絆，釋放我們的想像力，跟著幾位學者專家一起來經歷遙遠的南極和北極，一窺極地神祕的世界。

　　謝謝與會的專家學者和蒞臨的貴賓、師生，希望大家都有一個非常棒的饗宴，謝謝。

跨出去，打開新的視野

林文淇

　　科學與人文的對話，這樣的題目在中央大學愈來愈多，李瑞騰主任所主持的人文研究中心，在背後有很多的推動。中央大學對於人文關懷，真的不是口頭講講，是很積極的在各個層面，都當作重要的事情在做。

　　以文學院為例，我們剛剛做了一件事情，也是以同樣的態度和認知去執行，就是文學院視覺文化研究中心跟太空及遙測中心合作，完成明年的衛星電影月曆。各位如果感興趣的話，可以跟視覺文化中心或是太遙中心詢問。動機是有一次在學校開會，我和太遙中心林主任聊了一下，我對他們的衛星遙測感興趣，他們對我們在做的電影也很感興趣。太空遙測中心過去每年出版的月曆已經跟不同單位合作，人文的部分也跟客家學院合作過。因此就一拍即合，做了這一本結合科學與人文的月曆，反應還不錯。

　　這次南北極的新聞出來時，我們看到了中央大學的研究團隊、中華民國國旗出現在南北極。我想這是中央大學研究的一個展現，也是學校開始積極的把研究成果跟外界分享。以前我們總默默地做，做得非常好，但外界對於中央大學不管是學術研究，或者是其他的成果，知道得比較少一點，現在，在秘書室的努力下，我們分享給其他人知道，曝光率提高了一些。

　　在不同領域，文學院的哲學研究所舉辦人文與AI的對話，將近快兩年了；我們也跟資電學院、生醫理工學院辦理跨學院老師們的對話交流。這就是期許我們不要侷限在自己的領域內，要跨出去，可以打開新的視野，特別是如果能促成合作的話，會有意想不到的成果。

　　今天的對話也是這樣一個情況，南北極不只是一個地理空間、一種生態環境，它在我們文學、電影裡面，有很多的想像。這些想像轉化成文學作品、電影作品，鼓舞了很多人。希望這樣的對話，能夠碰撞出新的火花。

挺進南北極

專題演講

講者簡介

朱慶琪

國立中央大學物理與天文研究所博士，現為中央大學物理系教授、科學教育中心主任。研究專長為原分子物理、物理教學。致力於各種物理教學相關演示實驗的創作，在科學教育中心的網站中可以看到各種的科學實驗、科學活動，為科學教育推廣普及貢獻一己之力。

郭陳澔

美國紐約州立大學賓漢頓分校博士，曾任中央大學地球科學學系教授，現為台灣大學地質科學系教授，研究專長為地震學、構造地震學、地體動力學等。著有〈從美濃地震看盲斷層與雙主震〉、〈台灣南部外海馬尼拉隱沒帶的蛇紋岩化作用〉、〈美濃地震──台灣西部深部地震孕震構造與地體架構初探〉等地體構造與地震相關科普文章。曾榮獲105年度科技部吳大猷先生紀念獎。

張文和

國立中央大學地球科學學系博士，現為中央大學地球科學學系助理教授。專長為地形學、海洋地形學、構造地形學等。參與2021年北極探索隊，成功進入北極圈，放置台灣第一顆在北極圈的地震儀。此行任務是調查冰川冰震、冰川形貌等，並進行空拍與地質調查。

林映岑

美國維吉尼亞理工學院暨州立大學博士，現為中央大學太空科學與工程學系助理教授，專長為全球定位系統、遙測技術、太空任務設計、光學雷達、高層大氣數值模擬、日地耦合、大氣太空耦合、AI機器學習。2019-2020年長駐南極1年進行光學雷達觀測研究。

專題演講 1

朱慶琪
我的頭髮裡面有冰川的顏色

朱慶琪：大家好，我是朱慶琪，除了是科學教育中心主任外，也在物理系任教，我長期非常關注這議題，剛剛林文淇院長非常客氣，講得時候說是科學與人文，我現在以科學的角度，要說是人文與科學。

今天可以來這邊擔任這場傑出科學家分享的主持人，真的非常開心。我有多支持這個活動呢？為了主持這場演講，我去把頭髮染成南北極的顏色，但我又非常緊張，因為我的主持風格從來不是正經八百，我又不想把這場演講弄得太綜藝化，所以好險李主任有幫我們寫了這個詩，他說「冰川聳立／有藍色的光閃爍」我為什麼要說這兩句？你要仔細看，就會發現，其實我的頭髮裡面有冰川的顏色，要夠仔細看，才能夠看到一點點的藍色。

我想要說的是，這個演講安排得非常妙，我們有南北極的串聯，前面2位講者是郭陳澔教授和張文和教授，他們的履歷在資料上有，我就不特別花時間介紹，他們當然會跟我們講北極的故事，下半場，林教授就會跟我們講南極的故事，南北就串連了。我們的地科院研究非常有名，太空系這兩年也很風光，其實我們在整個地球上，我們的陸地、海洋、太空，陸海空三塊，我們全包了，所以你們說中央大學棒不棒，真的很厲害。接下來我就把時間交給我們第一場的2位演講者，郭陳澔教授和張文和教授，歡迎他們，請大家掌聲鼓勵。

郭陳澔
喝到冰川的威斯忌

郭陳澔：綦副校長、林院長、李主任，大家好，我是郭陳澔，這位是張文和老師。我跟張老師有不解之緣，我進中央10年了，第一堂上課，張文和老師是我的助教，我們一起上過課，10年後，我們又攜手合作，這是完全沒有想到過的事情。這2、3個月來，相信大家已經被北極的新聞疲勞轟炸。我想多留一點時間給張老師，他花了很多時間準備，用中文來介紹。

北極的團隊有3位，張文和、管卓康還有我。管卓康是我的學生，跟我去實地研究。其實還是要謝謝外交部，給了很大的支援，波蘭的台灣辦事處也幫了很多忙。我今天早上特別數了一下，到底有多少媒體的露出，大概超過20家媒體報導，平均3、4天就有北極的新聞。在這3個月來，我也做了3場的專題演講，在北極出發之前也做過展望演講、大愛台專訪等，這些在網路上都可以查到，最新的是2個禮拜前，華視新聞雜誌、公視，和一個專門宣傳台灣特色的網站，是文化部支持的，2天前才播出。我想讓大家看一段影片，剪輯的非常好，YouTube有，「中央大學3學者前進北極尋找暖化對策／華視新聞20211121」（圖1）

其實大家看到的是後面成功的階段，但我們在前面階段很掙扎，大家如果還記得，5月13日就是疫情爆發的時候，獅子王事件，那時我們正在決定今年到底要不要去，甚至我在1、2月就在猶豫，自己都有些懷疑。可是因為很多事情都要開始籌備，張文和老師就跟我說，

圖1 郭陳澔教授撥放華視新聞的報導內容。
（照片擷取自YouTube）

圖2 結束隔離後，出外散步的畫面。

你就跟我去吧，我就說好，答應他一起去。因為10年的情誼了，也很熟，可以一起去做這件事。

開始時，是有8個人要去，最後變成3個，中間有些歷程，大家也可以猜想到，因為疫情的關係，大家會有比較多的concern。最後，7月30日我們真的出發了，那天張文和的女兒也來送機，其實要出發的時候，心裡還真的是很忐忑不安。因為要轉機，還要待很多地方，那時候也是歐洲疫情大爆發，所以只要一染疫，就要回台灣，心理壓力真的很大。我們在挪威隔離旅館的時候，每天可以出去散步，這張照片是學生在後面偷拍的（圖2），這剛好是在隔離結束，象徵我們可以走出去，

那一剎那感覺真的是不一樣。我們坐飛機到斯瓦爾巴群島的小鎮，感覺已經成功了，剩下的相對來說就簡單，因為這是我們的專業領域，我們做野外很久了。冰川的威士忌特別美味（圖3），這兩張照片我很喜歡，因為代表我們在這裡努力做許多事，最後可以喝到冰川的威斯忌，張文和說這個冰川的威士忌在紐約曼哈頓可以賣到好幾萬塊，因為特別難融化。

　　為什麼我們要去斯瓦爾巴群島？大家比較常聽到去冰島、加拿大，斯瓦爾巴群島比較少聽到，但對於研究來說是非常重要的地方，特別是生物、海洋、地質方面，甚至發展出以研究為重鎮的商業區域，他們其實不太喜歡旅遊業，因為會造成汙染，這邊發展出一個研究聚落，提供學者們一些support，甚至變成商業模式。還有一個特別的地方，是有一個世界種子庫，就是把世界上所有的種子都放在那裏，萬一哪邊種子有問題的時候，可以把種子拿出來，讓它重新復甦。還有一個特點，這裡有3000多隻北極熊，我們在出發之前還有做一些射擊訓練。接下來把時間給張文和老師。

圖3　郭陳澔教授與張文和教授品嚐冰川的威士忌。

張文和
氣候暖化，冰川退縮，地上升

　　張文和：我的中文還沒有很好，但可以試著說說看。從台灣到斯瓦爾巴群島很遠，先到荷蘭，再到挪威，我們有10天的隔離，從挪威再到朗伊爾城Longyearbyen。斯瓦爾巴屬於high arctic，不是artic circle，artic circle是這個綠色的地方（圖4），俄羅斯、美國、加拿大北邊，斯瓦爾巴是在high arctic的地方。從Oslo到Longyearbyen，在Longyearbyen住2至3天，因為要等船班，從波蘭的工作站要坐船到預定的北極測站，大概要5、6個小時，有小小的船可以帶我們到海邊。上岸後，我們都要自己拿東西，在那邊沒有7-11，沒有辦法買東西，所以如果有東西忘記帶，那

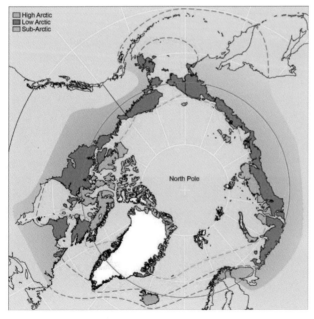

圖4
斯瓦爾巴的位置介紹（Svalbard is located in the 'High-Arctic' zone, the most inner part of the Arctic.）

圖5　波蘭工作站及生活空間。（(station, food storage and shower room)

就沒有辦法。

　　波蘭的station，是從1975年成立，差不多40多年，那邊很close，
不是five-star hotel，可是住1到2人沒有問題，也有food storage，北極
熊也喜歡我們的storage，一直要進去裡面。我們在這邊洗澡，在這邊

圖6　每天於工作站和研究地點走路來回。（photo by I. Sobota）

上廁所，也都沒有問題（圖5）。在這邊生活有一點特別，每天只有5、6個小時有電，所以要charge電腦、camera要充電，只有這5、6個小時。沒有網路，所以沒有FB、twitter，在那邊20天，都沒有網路、email，夏天的時候也沒有晚上，都是白天，所以要睡覺要看我們的手機，時間差不多了就睡覺，時間到了就起床。如果要跟外界contact，跟家人、大學實驗室聯絡，只能用satellite，only contact with the world。

　　我們在那邊研究的時候，都是走路（圖6），沒有汽車、摩托車，因為都是tundra，苔原，我們每天走20、30公里，如果要到冰川，也要1個小時走路。

　　我們在西部，kaffioyra（圖7），工作站在北邊，上面有很大的冰川，阿瓦斯馬克冰川（Aavastmarkbreen），下面有達布林冰川（Dahlbreen），中間還有6個比較小的，我們研究工作站旁的阿瓦斯

馬克冰川和下面3個小的冰川，其他的太遠了，因為只能走路，走到下面的冰川要1至2天。這是工作站的影片，後面是阿瓦斯馬克冰川，這些都是冰川，因為全球暖化，冰川退縮，這是1936年的阿瓦斯馬克冰川（圖8），差不多80年，冰川退縮了這麼多（圖9），差不多4公里，產生了新的新的河流系統，也有冰磧石（moraine），這個我們也要研究要monitor。這兩個冰川，Irenebreen 和 Elisebreen，從1938年

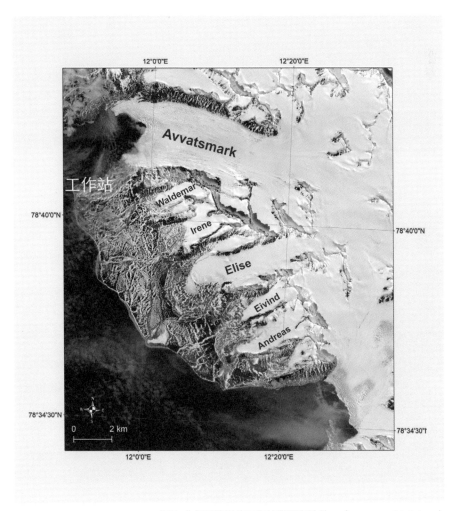

圖7　北極探險隊的工作站和研究地點。（courtesy of I. Sobota）

圖8　1936年的阿瓦斯馬克冰川。（courtesy of I. Sobota）

圖9　2020年的阿瓦斯馬克冰川。（courtesy of I. Sobota）

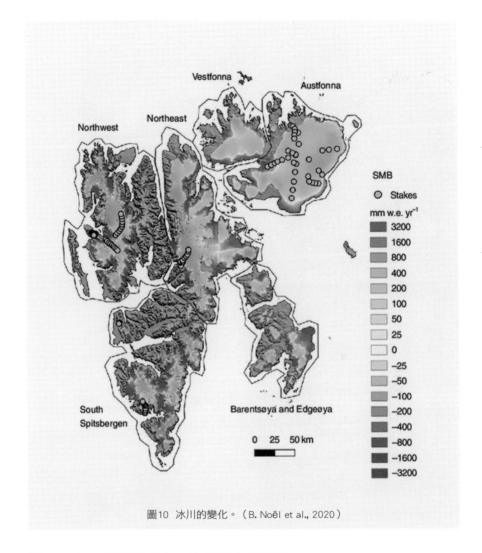

圖10 冰川的變化。（B. Noël et al., 2020）

到2018年，退縮那麼多，也是研究的範圍。

　　全球溫度的變化，從1750年到現在，氣溫持續上升，在北極，在斯瓦爾巴，溫度上升比較快，根據研究是全球溫度上升的2倍。可以看到1984年到2016，北極ice的變化。這張圖（圖10）可以看snow

圖11 哥白尼大學和中央大學研究團隊合影。

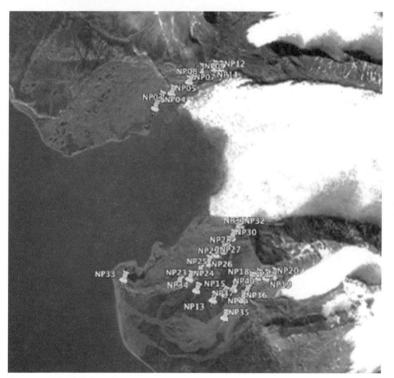

圖12 40顆地震儀的分布。

mass balance，冰川的體積，藍色的部分，冰川的體積有increase，紅色的是減少，所以我們可以看到海邊，大部分都退縮。

這是哥白尼大學和中央大學研究團隊的合照（圖11），哥白尼大學的英文Nicolaus Copernicus University，他們是NCU，我們也是NCU，這是destiny。他們的研究主要是冰川學，在monitor冰川的退縮。我們有3個想法，第一個是在Seismology地震學，因為冰川很常有crack，破裂，我們也會監測，這個跟地震一樣，我們叫ice quake冰震，我們去那邊用seismometer地震儀，到阿瓦斯馬克冰川用了40個地震儀（圖12），看ice quake的變化，做成冰川的地圖，看哪邊的ice quake比較多？哪邊比較少？為什麼在這邊？為什麼在那邊？很有意思。第2個是structural geology，構造地質學，這個是我的專業，這個

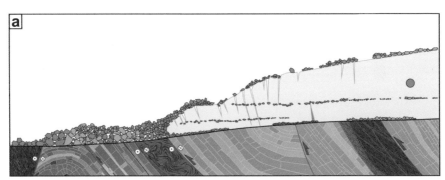

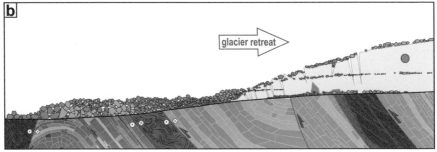

圖13　冰川退縮，暴露新的表面。
（Glacier retreat exposes new surface for geological mapping.）

圖14 冰川退縮比較，2018年（上）和2021年（下）。
（Comparison of one outcrop (red arrow) in August 2018 (left) and August 2021 (right). Within 3 years, a large glacier retreat allowed to study this outcrop for the first time.）（photo: K. Greń and S. Giletycz）

地方也很特別，冰川退縮的時候，很漂亮的冰川可以做新的地圖，我們有new surface exposure（圖13），冰川退縮的時候，有很多次我想要step，跟moon一樣。這裡有一個example（圖14），2018年，3年前到現在，退縮很多，這個是新的exposure，所以在這裡，有一個很漂亮。最後一個想法是，冰川很重，我們說post-glacial rebound的意思是（圖15），冰川推縮的時候，地上升，ice density 860到920，差不多1個cubic meter是1 ton，所以如果冰川推縮的時候，我們用rebound，Glacier retreat，我們用rebound，Sea也會retreat，也有新的地面比較高，海也會推縮，會有2個新的地面可以研究。最後是地形學，我們用空拍機，觀測顏色的變化，每年都要monitor這個的地方。謝謝大家。

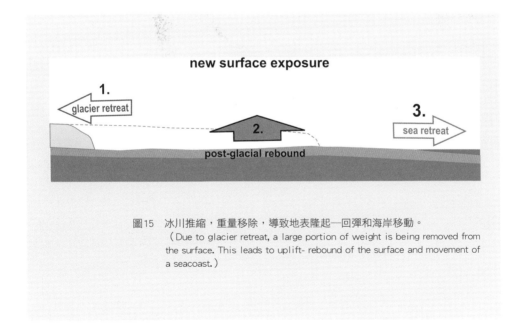

圖15　冰川推縮，重量移除，導致地表隆起—回彈和海岸移動。
　　　（Due to glacier retreat, a large portion of weight is being removed from the surface. This leads to uplift- rebound of the surface and movement of a seacoast.）

專題演講 2

朱慶琪
為什麼風一吹竟然斷掉一根肋骨？

朱慶琪：聽得意猶未盡，突然講完了。我們下一位Speaker林教授在準備，我就稍微幫她串個場。大家應該可以看到，林教授個子非常嬌小，剛剛聽到兩位教授已經在北極創造很多項第一的紀錄，林教授當然也有，我們待會兒聽她娓娓道來。我想說的是，在南極，林教授個子這麼嬌小，小到風一吹竟然斷掉一根肋骨，這是什麼情形？為什麼那裡的風可以大到造成這樣的意外？以及她在那麼艱困的情況下，又要遭受身體這麼大的傷害過程，到底是怎麼熬過來的？我們就來聽一下林教授和我們分享她的南極人與生。歡迎林教授。

林映岑
南極教／交會我人生的人

林映岑：謝謝朱老師，謝謝綦副校長，謝謝研發處和人文研究中心邀請參加這個演講，很榮幸能來和大家分享。如果知道郭陳老師要秀whiskey的照片，我就會做一個喝20萬年冰心whiskey，我們科學家都是當天才會把東西都做好，所以很難事先set好，我們以後應該要做一個比較表，科學家喜歡做這件事情，南極有什麼、北極有什麼，做一個比較圖。喝20萬年冰心whiskey（圖1），都不怕死，20萬年以前的細菌跑出來怎麼辦？但是我有在南極做這件事情。

圖1 喝20萬年冰心whiskey。

南極對大家到底有多陌生、多遙遠，剛剛郭陳老師有分享北極的影片，很多人訪問他，對北極很有興趣。南極，光是這兩個月，因為南極而受邀的演講，就有12場。所以真的是很莫名其妙的地方，真的是世界的盡頭。我今天講的內容，和我之前分享的非常不一樣，也是考慮到科學與人文的對話，所以我想把南極的人，這是我很少講到的，把這群人帶到大家的面前來。

今天我主要是講「南極教／

圖2　在南極工作的情況。

交會我人生的人」，這是裡面唯一一張跟科學有關的（圖2），我在南極54個禮拜，是1年又2個禮拜，今天會講的是比較光鮮亮麗的，大部分的照片都是藍藍的天、白白的雲，看到的是有光的情況。最左邊是唯一有永夜體驗的照片，就是在24小時都是夜晚的情況下，我的研究工作和觀測，是照樣進行的。我說沒日沒夜是什麼意思，我們只有兩個人在觀測，所以兩個人要cover一天24個小時，基本上12個小時只要天氣允許，就是天是晴的，我們的光學雷達可以打到太空，那我們就觀測。所以說我的行程怎麼決定？看天，看天氣。我每天要觀測的時候，就是開車到這個山上，只有我自己，必須爬到建築物的屋頂上，有兩個望遠鏡的蓋子要打開，照片中可以看到，剛剛朱老師說我的個子很小，這大概是1公尺乘1公尺在地板上的門，很厚重，因為要保溫。我要把它打開，放到另一個地板上。南極風很大，風大的時候我很怕做這件事情，因為我曾經有一次門才打開一半，風就咻地吹來，我往這邊開，又被它吹過來，有點膽戰心驚的一次。有光的時

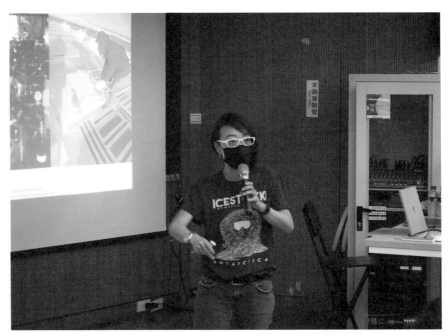

候我做這件事情，永夜的時候也做，特殊的是在這個觀測的地方，我們不能用手電筒，所以是在一片漆黑當中，頂多頭上戴一個紅光的頭燈，就爬到屋頂上，做這所有的事情。中間這兩張是我在弄雷射的照片，剛好給朋友一個tour，他幫我拍的。我們一共射了3束雷射光到太空去，1束是黃光，另外兩束是紫外光，在照片上沒有顯現出來。這是南極。

　　我要開始講好玩的事情了。剛剛，我說了我是看天在起居的。剛剛張老師也講到一件事情，就是他說他們去的時候是沒有晚上的，南極有一件很大的事情，我們現在12月，再13天或14天，就是進入下一年的moment，跨年夜，ICESTOCK。我每次演講都穿一件來自南極的衣服，今天穿的這件衣服，把這個特別的衣服獻給這個特別的場合（圖3）。這是我在台灣第二次穿這件衣服，我很寶貝這件T-shirt，第一次穿是接受民視訪問的時候，今天是第一次把它穿到講台上。這

圖3　穿著南極研究站的紀念衫。

圖4 南極的跨年夜。

上面寫著ICESTOCK，是跨年夜，跨年那天的EVENT，在這個冰上，叫ICESTOCK。這件衣服的由來是，通常南極研究站在做ICESTOCK紀念衫的時候，做的都很醜，印了好幾百件，就在店裡滯銷，就是特價還沒有人買。今年他們限量，南極站上只有50件，偏偏今年設計得這麼帥氣，我連知道這件事情都不知道的時候，聽說早上6點，我那些站上的朋友，就在研究站排起隊來，一人一件的把它買完了。我聽到的時候，已經發生兩天了，已經過去了，我就說：「我沒有……」，結果在我生日的那一天，一個好朋友知道我沒有這衣服，我又很想要，加上我又聽說是T-shirt的衣架子，他就把他唯一的一件，送給我當生日禮物。當我打開禮物包的時候，那種感動，不知道你們能不能體會，全站只有50件，幾百個人都沒有這件T-shirt，可是我居然有一件我自己都沒有排隊得來的，這是我要介紹這件T-shirt的原因。

　　南極的跨年夜是什麼樣子呢？這是我們的半夜。你們在看這張照片（圖4）的時候有一個重點，就是你們有看到這天有多晴嗎？跨年夜是晚上、半夜，我剛好值夜班，我在全鎮都suppose要放假的時候，要去做科學觀測，所以很多人都同情我，想說「Cissi怎麼這麼可憐！」好險，那時候聘我去南極的我的老闆正好在那裡，他大發慈悲地說：「Cissi，我給你5個小時去參加ICESTOCK」，因此我才有辦

法來到這裡，跟我朋友一起。南極的跨年夜，在這樣光天化日之下，有這樣的一個慶祝活動。剛剛朱老師也有講到，南極的險峻，它帶給身體的，不管是生理或是心理，各式各樣的負擔。我在其他的演講裡面，比較常講到的是，在過去的100多年，他們的探險活動過程，受到的困難是什麼、煎熬是什麼，簡單的用這張照片（圖5）來敘述100多年前，說明這些探險家經歷和英勇的過程，不一定成功、也不一定完全的失敗，但他們終於讓人類可以抵達南極，讓我們現在都可以在那邊執行研究。

對我來說，我體驗到什麼叫做上一秒我直直的站著、下一秒我的肋骨已經撞在一個直角的欄杆上面，因為這樣子，我那個很痛很痛的經驗，也照了X光，我自己把它解釋成是裂了，因為英文寫的是fracture，斷跟裂都是同一個字，但前面有一個字是沒有錯位的斷，

圖5　紀念探險家在嚴峻環境下的英勇過程。

圖6　需要上山到Arrival Heights進行觀測，風雪過後，得把卡車挖出來。

或沒有錯位的裂，我不知道他是裂的還是斷的，就這樣子發生在我身上了。現在回頭看，真的是值得驕傲的，我沒有因為肋骨斷掉請過一天假，我哀號著爬進了卡車（圖6），反正我只有哀給我自己聽，我每次進去是哀號的，但我還是撐過了，把我該做的事做完。南極的醫療資源有限，每個人在那邊就是必須把人榨到很乾，因為送一個人過去，對站上而言都是負擔。你要用電、你要用水，你排出來的東西要有人去清，你要吃東西，所以每個人基本上都是over work。在那邊有兩個人，其中一個是我的朋友，他算是壯烈成仁，也是身體出狀況，就在南極過世了。

　　南極的狀況是怎麼樣呢？我在那邊體會到了一場史詩般的風雪，它讓我們的冬天有3個月出不了門。出不了門的意思是，你可能有3天完全出不了你住的地方或你工作的地方，大

家都不用工作，就是要去餐廳拿飯，放到冰箱裡，放個3天，繼續吃。這個史詩般的風雪看起來是怎麼樣呢？這張（圖7）不是外面，是我的房間裡面，風雪已經吹到我的房間裡面，都積雪了，積得很漂亮、還是3D的這個雪。有一些門外面，積雪甚至高到你已經不用出去，下雪下得很開心，我們也享受到難得的休息。一放晴之後，就準備去把你的車子挖出來。還有另外的活動，中間這個門是，我平常走這邊，然後往左邊走，這是要去餐廳的路上，連這個門也是，都已經變成這個樣子了（圖8）。苦中作樂的是，這棟是3層的建築物，在風雪之後，雪已經高達二樓的屋頂，意思是我們可以跑到那邊去滑雪。

　　能夠到這樣的地方、完成任務的這一群人，他們可以把名牌留下來給我的，我就把他們放到我實

圖7　房間裡面窗戶上的積雪。

圖8　前往餐廳路上的門口滿是積雪。

圖9　名人牆上貼滿一起完成任務的夥伴名牌。

驗室的布告欄上，我把它視為我的名人牆（圖9）。我在放照片的時候，發現了這盒餅乾，如果大家曾聽我講過南極的故事，這盒餅乾是很厲害的，這是我14歲時的餅乾，過期12年，但我還是照吃。連20萬年都沒什麼，那過期12年的也就還好。

　　這群人裡面，我在之前的演講中show過1張照片，裡面我認識幾百個去過南極、去了南極的南極人，或者在那邊住過幾個月的，甚至超過1年的南極人們，我都是用這樣的一頁就把他們講完了，請大家自己看上面的東西。但是我覺得今天很難得有這樣一個講人文的機會，我想把他們更多的來講出來。剛剛講到這個送我衣服的，就是Cheyenne，很神奇的人，我覺得她精力無窮，她很喜歡野外、大自然，哪裡都要去體驗。我覺得他們上班是勞力的工作，應該很累，可是她就是要再出去跑個步、滑個雪，做一些我覺得很累的事情，因為滑雪、滑冰並不是很輕鬆（圖10）。

圖10 滑冰。

　　這個跟我媽媽年紀相仿的是我冰上的媽媽Susan，她很喜歡跑步，跟Cheyenne一樣，感覺她們出去做運動健身的事情，是一個refraction，就是更有活力的活動。在我跑10K的時候，她居然跑得比我快很多。我在南極跑的10K，也是我在人生中第一次，那一天剛好大風雪，我就撐著，我這個第一個10K就是要從頭跑到尾。結果我的10K跑得比我的5K還要快，這個故事可以以後再說。

　　另外一個奇人Michelle，她是亞洲人，爸爸是日本人，媽媽是上海人。她為了踏上全球七個大陸，什麼工作她都試一下，比方說她想要來亞洲，就去日本教英文；她想要環遊世界，她就到郵輪上工作，比方說教小朋友一些activity。她想要去南極，最後一個大陸，看到一個服務生的機會，就去了。她說，好了我不要再洗盤子了，結果今年又回去了。今年又回去，但她居然有個機會，就是能夠去南極點，另一個研究站。就是突如其來的一個工作機會，她說，好，我要去，然

後就只有一天讓她打包東西，第二天就把她送到南極點去了。

　　奇人Number 4，Michael，到2020年為止，他去了129個國家。他怎麼辦到的呢？他是一個長年的契約工，一年5到6個月在南極工作，在南極工作的特點是什麼，不用付吃、不用付住，手機不能用所以沒有手機費，也沒有其他的花費，所有的錢都存起來，美金很好用，他就選全球哪一個國家他沒去過，一年中剩下那幾個月，就去住在那個新的國家。

　　奇人5678是我在南極的好友之四，大家的background都很不一樣，他們就是轉換另一個跑道，在他們身上，都好像不足為奇一樣，都可以做得很好。奇人9，很厲害，好像都不用睡覺，你去哪裡都可以看得到他，我們覺得的所有壞習慣，好像他也都有，可是在大家跑10K的時候，他是輕輕鬆鬆、好像完全沒有這件事情，然後跑第一名。你覺得他可能抽菸喝酒，肺活量不太好，但就是很神奇。你看我穿短袖算什麼，人家在雪中是穿短褲。奇人10、11可能是讓大家比較驚訝，看到這個白頭髮，不是染的，人家是70幾歲的Chris，她也是在middle East，在中東，在美軍的基地當射擊教練退休的，同樣為了要到南極，看到一個服務生的工作，就來到南極，完成踏上最後一個大陸的心願。

　　另外一個人，Cortney，她教會了我什麼叫「不買」，她從來不買兩個皮箱帶不走的東西，這對我來說實在太難做到了。我超愛樂高，大概兩組樂高就超過一個皮箱的size了。所以她讓我學習了人生另外一個很有趣的思維，就是我什麼時候可以物慾不要那麼重呢？有待努力。她可以帶著兩卡皮箱，想要去哪個國家或哪個地方，申請到這個工作就去，然後就走了。

　　奇人12、13我只講兩個，Lillian跟Andi，但我這邊多寫了Kevin和Nikki。Lillian、Kevin跟Nikki，他們花了6個月，在他們人生當中，空了6個月的時間，要去爬一個山脊，那個是美國西岸的一個山脊，山

脊南端在墨西哥的邊境，美國南端和墨西哥的邊境，山脊北端在美國和加拿大的邊境，花6個月，徒腳從墨西哥邊境走到加拿大邊境。我說走是輕鬆的，但人家其實是半爬啦，那個過程當中其實也有很多危險存在，像這幾個人當中，我剛好在同一年去南極的幾個月當中認識他們。他們剛好也前後一段時間爬了這個PCT，就有人在回想說，其實當時Lillian在前方，她曾經差一點一腳掉下去，雪已經堆到她無法分辨下面有沒有土地或是有沒有山，所以她已經掉下去了，差一點點她可能就已經下山崖了，她就是剛好卡住可以讓她再爬起來。

另外是這一個男生Andi，他是在加州的金屬雕塑家，本來是做這些大型的金屬藝術品，有次人家問可不可以stage這些東西，就是擺放起來展示，他就是因為這樣去學怎麼操作起重機或怪手，後來就跑去南極開挖土機，吊索這些東西。今年，他又回去了。其實他的夢想是參加我們在南極說的travisting，從南極邊邊的大陸，一路開著這些比較厲害的車子，到南極點。因為南極點在南極大陸的中間，他們那邊的人需要補給，需要油。可是南極點那邊沒有辦法有大型的飛機，所以所有的補給品或重的東西，都是從我們這邊，這個McMurdo站開車送過去的，大概3個禮拜單趟，3、4個禮拜，一片白皚皚中來開車送過去。我前幾天收到他的E-Mail，他抵達南極點了，也去了南極點一個很酷的地方，聽說有個在地下的洞，四面八方的冰會擠過來，聽說超極臭的。他說他參觀了那個洞之後，因為裡面的空氣可能從來沒有流通，也沒有地方可以去，他就是趕快把那些衣服拿出去，就是趕快洗一洗，然後晾乾。這是奇人12跟13。

今天的重點，讓我放在最後的這一個人，她叫Sarah，曾經是幾個大型的動畫家，前一個工作是在Pixar繪製動畫。大概10年前，我說大概，因為可能是12年前，她讀到一本關於南極探險的書，書名叫《史上最悲慘的南極探險》。

這本書感動了她，她發揮了超乎常人的研究精神，幾乎把在英

國的圖書館、博物館裡面所有的關於南極、Scott、100年前南極探險的這些手抄本、紀錄都讀過，後來有一個機會，美國科學院一個支持人文藝術的計畫，最後一次送藝術家到南極，她就申請了這個計畫，被接受了。她是我們那一年唯一個到南極的藝術家，她熟知南極到一個什麼樣的地步呢？除了熟讀圖書館、博物館裡面的文件，上面的照片、文字敘述故事，她全都知道，甚至她分享的時候，她告訴我說，人家帶她到一些地方，當她看到那些的地形，所有關於在那塊地上、冰上發生的故事，就已經歷歷在目了。她可以數出誰跟誰在這裡的時候，在旅途的哪一個時間點發生了什麼事情。她的目的是什麼？她自從被那本書感動，做了研究，就是想要發揮她的專長，重新把這個故事說出來，她想要作的方式是，把這些畫成一個繪本。接下來，我要show的，會不會是在南極大陸之外，第一次分享給這個世界上的東西。這是她分享給我的她的繪本中，其中一個封面，她那本書原本叫做 "The Worst Journey in the World"，改成 "The Best Journey in the World"，這裡面只是在敘述探險家的故事，其中一個是Scott，這個英國的探險隊要前往南極點的過程當中，在冰上，他們遇到了突如其來的冰裂開了，有些動物可能有生命危險，他們要去拯救。郭陳老師應該也可以體會，但郭陳老師今天沒有講到，就是走在冰川上要超級小心的，crevice是一個很可怕的東西，一個裂縫，你沒有覺得裂的多深，但一下去可能就是幾百公尺。在南極曾經有一個事件，大概幾年前，一個科學家，他騎冰上摩托車，也有同樣研究團隊的人騎在後面，他騎在前面掉下去了，後面的人趕到的時候已經來不及，根本不知道他人在哪裡了。

還有，另外一個才是最後一個，就是我在冰上過世的朋友，也是超級奇特的人，Brian。這是我們的垃圾桶加資源回收桶，不同顏色代表不同的垃圾功能，他去翻垃圾桶的舉動，在美國這個行為叫

Dumpster diving（圖11），就是去垃圾堆裡面潛水，潛垃圾桶，意思是去撿有用的東西，不是去撿破爛。在南極，剛剛張老師有說到，沒有便利商店，沒有Costco，沒有家樂福、大潤發，所以你忘記帶什麼就Oops，sorry，就忘記帶了。當然他做這件事情動作有點誇張，其實就是撿別人的東西，我們通常會把可以用的東西，放到資源回收桶，垃圾處理部門會集中起來分類，放到你還可以繼續用的地方，大家可以去拿。你看到他做這種事情，不惜整個人都趴進去了，他就是一個奇才，在機場修航電，超級聰明的人，大我幾歲而已，不幸因工作的關係、身體負擔的關係，在南極就過世了。

圖11 去垃圾堆裡面潛水──撿有用的東西。

　　簡單的結論就是，兩年前的我，真的不知道我會跑到南極去，就突然之間的。就是說，南極要來的時候，我就「欸欸？要發生了嗎？」人家問我要不要去，我說要，先說要然後再來想接下來要怎麼辦？那時候的我到底知道什麼？我想說，如果我很想做的事，再困難也會去試試看，甚至有些事情，覺得好像不可能，可是我會試。所以現在要shout up Elon Musk，伊隆・馬斯克，如果他來問我要不要去火星？我會說「要！」好，謝謝大家，南極很難在25分鐘裡面講完，等一下我們可以再交流，謝謝！

綜合座談
講者簡介

李瑞騰

中國文化大學中文研究所博士，現為中央大學中文系教授、人文藝術中心主任、中大出版中心總編輯。研究專長為中國古典詩、晚清文學、臺灣現代文學、東南亞華語文學、出版學。著有《臺灣文學風貌》、《晚清文學思想論》、《文學關懷》、《文學尖端對話》、《文學的出路》、《新詩學》、《詩心與詩史》等及散文集《有風就要停》、詩集《在中央》等。

楊恩生

國立師範大學美術研究所碩士，師承梁丹丰、李焜培教授。作品以水彩表現為主，早期以靜物畫聞名，1980年代晚期轉以自然生態為創作題材。1990年起為郵政總局繪製至少五套瀕臨絕種哺乳動物郵票，首創生態主題的系列郵票。著有《遇見達爾文：加拉巴哥群島尋祕記》、《藝術方舟——畫家彩筆下的台灣與全球生態圖像》、《楊恩生的鳥畫世界》等。

朱建銘

眼科醫師，在台東市開設朱眼科診所，目前擔任台東縣醫師公會理事長，行醫是他生命中最重要的志業，環遊世界則是他從小懷抱的夢想。多年來他踏夢前行，足跡遍及七大洲137個國家，去過南極6次、北極9次，更曾經於2010年成功征服北極點，2019年成功征服南極點。記錄世界各地的特殊美景、動植物的生態及豐富多樣的人文風情。透過鏡頭的詮釋，加深我們應致力於生態保育的重要觀念。

鄭有利

瀚世旅行社負責人。十餘年來造訪南極超過20次，酷愛野生動物與自然奇景。也去過北極多次，包括搭核子動力破冰船和俄羅斯軍機到北極點，還有北極其他地區，格陵蘭、斯匹茲卑爾根群島、法蘭茲約瑟群島等。每年都赴非洲、北極、南極進行生態旅遊。著有《肯亞：我和我的荒野朋友》、《呼吸南極：在世界盡頭找一條路》（與黃麗如合著），FB粉絲頁：「呼吸南極」。

李欣倫

國立中央大學中國文學系博士，現任國立中央大學中文系副教授。研究專長為明清古典小說、台灣文學、台灣散文及小說創作、報導文學。寫作體裁以散文為主。父親是中醫師，從小對於藥草學就極感興趣並有深入了解，作品中常見關於中醫的知識與童年穿梭在藥房的回憶。著有《藥罐子》、《有病》、《此身》、《以我為器》等散文集，為年輕世代重要散文作家。

李瑞騰
人文跟科學一場真正的對話

李瑞騰：很高興有機會讓人文跟科學進行一場對話，是真正的對話。天氣突然變冷了，我們知道現在線上有100多個人，他們雖然沒有來現場，但都在線上聽專家學者談跟南北極有關的所見所聞。

今天這個安排很特別，為了要把他們請來，花了不少力氣，網路上和南北極有關的資料，都一一瀏覽，最後我們從多元的角度，邀請一位畫家、一位文學家、一位旅行家，還有一位眼科醫生，從不同的視角，應該可以反應出更全面的狀況，也許跟科學家不一樣。科學的研究非常辛苦，我們剛剛可以感受到他們的情況。現在，我們先邀請畫家楊恩生老師。

楊恩生
燈光亮的時候，
北極熊給我一個熱吻

  楊恩生：剛才聽到林映岑教授提到南極的15個奇人，如果我去了，他們就不算奇人。我講的也許比華山論劍還有趣。首先，我看了一下各位，沒有哪一位體重比我重，我有100公斤，所以我到南極船上，伙食都比較特別一點。第二個特別是，我在40歲生日的時候第一次去南極，坐了一艘蘇俄的破冰船，生日那天，船上有每個人的資料，可是我自己忘記生日了，到了晚上，點起了蠟燭，燈光亮的時候，一隻北極熊，又白又高大也美麗，牠的胸部就到我鼻子這邊，給我一個熱吻，我就不能呼吸了。一個俄國船員，捧了船長特別訂製的蛋糕，是用冰河的冰製的，早上我看到他們很辛苦的撈冰山的冰，替我做的冰淇淋蛋糕，我印象深刻。我們那條小遊輪可容納40位觀光客，有8對夫婦加我一共17人，卻有20多位船員；以商業經營角度看來是失敗的。同船友人問我：「你的40歲生日是與我們在南極船上過的，船長為你撈了塊大浮冰，我們享用了非常獨特的冰淇淋蛋糕；做為一位畫家，你怎麼會想用這樣的方式過你的生日呢？」

  如果只形容我是個畫家，那我覺得太委屈了，我豈是一個畫家而已。我向來很不喜歡公務制度，三年前，終於有一天走進台師大校長室，說：「校長，我不能開除你，我開除我自己，我走啦！」當然不是說他做了什麼對我不好的事，我反對既有的制度，但是你不能說我看到誰就把你開除，就自己走嘛。當我有這個決定的時候，我又

創造了台灣藝術界的一個奇蹟，有一個大企業家碰到我，說：「你有什麼委屈啊？從公立學校退休，不是還有3年退休就可以拿終身俸嗎？」我說：「可是這3年萬一我得了癌症，我死了，我還有很多地方沒去，不值得。所以我要用3年的時間，損失很多現款，換一個自由。」他問我說：「你需要什麼？我可以幫助你。」他既然是個大企業家，我就跟他說：「我有自由你沒有，可是你有的東西我沒有。」是什麼東西？錢嘛。他說：「好，你要多少經費？」他問我有沒有計劃，我回答有。一般的畫家或文學家會說：「我回去寫個計劃。」那你沒有第二次機會了。我馬上從我的包包裡面拿出一個45頁的計劃，他花了3分鐘看完，「你需要3千萬，很少，不多嘛。」「我要的不多啊。」「我全額投資。」所以他變成我唯一的投資人。昨天我查了一下帳目，公司是虧錢的，我把3千萬花到剩40萬台幣。這幾天要去見他，你們認為我要怎麼面對他？是羞愧到無地自容嗎？花錢也是專長，對不對？你要把校長的錢、主任的錢、院長的錢，願意拿出來放到口袋裡，這也是一個本領啊。學校有沒有商學院、管理學院？可以找我來演講：如何把別人口袋的錢放到自己口袋？

　　我差一點死在長江源頭，我是全世界第5個探險隊的總指揮，提供所有的經費跟所有的人員。我們成功拿到長江源頭的資料，不是學術上，是視覺上的照片跟錄影帶。1992年我們去了13個人，當場死1個。我送到醫院休養了3天，所以我的肺一直不好，造成我去年在南極，還沒有上南極的船的時候，在阿根廷就檢驗出感冒，阿根廷的首都布宜諾斯艾利斯的報紙頭條就寫，南半球疑似第1例，那個人叫楊恩生，是台灣來的。所以我上過阿根廷報紙頭條，所幸都是虛驚一場。我替台灣在1993年做了長江風光郵票，現在是絕對不可能，因為在政治的意識下，我既不藍也不綠。我只是覺得作為一個藝術家，需要一個很好的舞台，那舞台讓我的畫可以很好的展現出來，所以今天我很樂意的來展現南極，在中大這個舞台展現一下。如果你們對我的

畫有興趣，今天都可以公開，沒有什麼商業價值，我不會告任何人，非營利用途，但營利用途我會在意。

　　我有一個看起來不起眼的vision。我想，諸位博士、研究生，如果你們到北極，一定是有你個人的vision，承繼了你們在學校大氣科學研究所面對全球暖化的使命；我作為一個畫家，有什麼使命？兩岸三地只有我一個人對地球科學、對環境教育有使命。我這麼講，也許有人會不服氣，不服氣就放馬過來，先去南極走兩趟、去北極走兩趟，然後再去長江源、黃河源走過以後再來談。

　　我最先是從畫室開始，就跟一開始學畫畫的一樣。我是以靜物畫成名。靜物畫就是安安靜靜的、靜止的生命，甚至可以用藐視的語言講，死亡的生命，但是我覺得藝術不只是這樣，所以後來我從still life轉到wide life，不狂野我不畫。如果你要委託我畫你家的貓跟狗，別想，因為牠實在不夠狂野。那我為什麼不畫一隻大貓？為什麼不畫一隻藏獒？這是我的觀點，家禽家畜我不畫。我畫很多的鳥類，尤其是水鳥，但是我不畫家裡養的鴨子。我是強調「你畫葡萄要觀察葡萄」，我乾脆就種葡萄（圖1）。我應該也是極少數在30年前能夠把

圖1　為了畫好葡萄，親自種葡萄。

葡萄畫出果粉，可能你們吃葡萄幾十年，不知道葡萄有果粉，因為你買的葡萄都是在超市裡面、大家摸來摸去的。新鮮的葡萄成熟到一個程度，就跟柿子一樣是有果粉的。我就從檯面、桌面上的靜物轉換到有自然背景的靜物。

我看相關資料的時候，網路還不流行，世界上的天鵝有一個淒美的故事。曾經在1996年的3月15號這一天，有100隻北美洲的苔原天鵝，在遷徙往北邊的途中，全部被尼加拉瀑布的巨流捲進去，全都插在瀑布上面變冰塊。第二天，冰天雪地，大家看到100多隻屍體，可是沒辦法解救牠，也來不及解救，人也去不了。等到春天冰融化了，賞鳥協會的人就去冰上拿出100多具屍體，做成標本。很少有畫家、鳥類學家知道這個故事。我知道了，就覺得我應該替這些已經成為亡靈的100隻天鵝訴說牠們的故事，就畫出這一張畫（圖2）。這一張（圖3）是冰天雪地，我們都知道，理學院更清楚，水的三態，作為一個畫家怎麼去表達水的三態？液態、固態、氣態，我怎麼表達？終於我找到了在Yellowstone Firehole River，那個河整個是地熱，一年四季都在冒煙，可是我要在冬天拍它，要有生命，所以我畫了一組全世界最大的天鵝「喇叭天鵝」。

當我流浪到了英國女皇的地方，到劍橋，我發現它保護的這個疣鼻天鵝（Mute Swan）很漂亮，我要怎麼跟疣鼻天鵝達成一個互動？我在那邊待了一個禮拜，被這隻超級流氓攻擊，因為所有人到那邊都要帶麵包，我哪裡懂這個？被牠攻擊的時候，牠圍著我團團轉，轉了10分鐘後，我發現岸上一堆老太太老先生拼命的笑，笑翻肚子。他們很惡劣，都不告訴我要帶麵包給這隻流氓。他們覺得我在那邊演戲不錯，他們說擔心我掉到湖裡面去，可惡。但是牠第二天跟我混熟了，就成了我很好的模特。我說，

圖2 被尼加拉瀑布巨流捲進去苔原天鵝。

圖3 在Yellowstone Firehole River的喇叭天鵝。

圖4 疣鼻天鵝。

來，過來過來，麵包就丟到我要的那個角落，所以我完成一張好畫，就是攻擊過我的天鵝（圖4）。

我畫了中國的丹頂鶴（圖5），我討厭日本人用英語把丹頂鶴叫做Japanese Crane，牠是Red-crowned Crane，我一直用「丹頂鶴」來形容牠。其實俗稱英文中文都沒關係，我也沒有階級意識或者地緣關係，我只是讓你知道牠有兩種俗稱。這張是美洲50萬隻數量非常巨大的沙丘鶴（圖6）。

當我畫了野生動物後，我覺得世界這麼大。有一天一些畫畫的朋友說，楊老師你有沒有畫過風景畫？簡直是侮辱我，我每一張畫背後沒有風景嗎？你看不到嗎？所以我要創一個字，就在美術史裡面找找找，就發現千萬不要用中文，十八世紀我們談文學，浪漫主義在歐洲北方有一個Picturesque，美術辭典裡面通通翻譯錯誤，他們翻譯「如

圖5 丹頂鶴。

圖6 沙丘鶴。

圖7　貓嶼。

畫的風景」。「如畫的風景」是什麼意思？中文不通嘛。正確的是浪漫主義的字，直接英文對英文，它就是壯觀的sublime、巨大的、宏偉的地景，是地景，不是風景，人要把這麼大一個地景譯為風景，那就太渺小了。

　　回到1991年，我居然畫得出一張貓嶼的、無人島的、壯觀的地景（圖7），我潛意識裡，對大的東西有好感，不小心就畫出來。1992年長江探險，我那個時候才77公斤，一樣躺下來、抬出去，我的高山

嚮導當場死在那邊，25歲，所以老天要你走的時候，跟你的年齡、你的健康沒有關係。我那時37歲，覺得死也死不了，很痛苦，在那邊急救了3天，手腳都吊滿了點滴。然後我就畫了一系列跟動物有關的畫。我一定會把我的旅行足跡畫成手繪地圖，我畫了長江源頭、黃河源頭。我第一次到南極，乏善可陳，因為我那個時候根本沒什麼概念，全球暖化跟我這個畫家沒什麼關係。過了這麼多年，我了解全球暖化的意義，可是這麼多年了，還是沒有畫家去啊。簡單來講，畫家都很窮，你們認不認同？可是我這個畫家不一樣，我拿別人的錢去南極。兩次都是拿別人的錢，還有人說夠不夠啊？你有沒有在那邊生病？我說有啊，「是不是給你多一點錢？」我說：「對」。我的時間到了，故事不長但是很雜，我就在這個地方結束。

李瑞騰：謝謝楊老師。楊老師今年3月才在國立海洋博物館辦過「築夢南極」藝術生態特展，非常精采。我在網路上看很多報導，都很稱讚。我們不會認為你只是一位畫家，你像是一個行走江湖的俠士，非常有趣的一個人。我們謝謝楊老師。接下來要邀請的、今天從台東來的朱建銘朱醫師，讓我們熱烈歡迎。他已經征服過南極點和北極點。

朱建銘
北極熊、獨角鯨、馴鹿

朱建銘：謝謝。非常感動。本以為南極北極是一個非常小眾的題目，中央大學願意把對南極有興趣的好朋友召集在一起，所以我特地從台東上來，覺得非常值得。我叫朱建銘，是個眼科醫師，在台東開眼科診所33年了。從小，我的夢想就是環遊世界，尤其年紀稍長，看了Discovery或是National Geographic的影片，讓我受到啟發，很想去看這些人怎麼拍的？在哪裡拍的？後來我自己走過許多地方，發現Discovery才開始播，讓我更興奮，一直對這些越辛苦的、越困難的、孤獨的、越冷門的、越沒有人去的，只要有這一方面的訊息，我就會想辦法安排旅程。我在過去30年不斷的旅行來圓夢，總共去了137個國家、南極6次、北極9次。今天我看到楊老師出版南極方面的書，有利也去了南極20幾次。我想分享一下北極的經驗。

首先是去拍北極熊的幼熊。北極熊在目前全世界統計大概有兩萬頭，數目其實不少，但你要看到北極熊的小熊，就沒那麼容易了。先講一下北極熊的生態，也就是生殖週期。我們常在講，地球暖化會影響北極熊的生存，因為北極熊的食物最主要是海豹，尤其是環斑海豹（ringed seal），冰溶化以後，牠就沒有獵取食物的場所，所以會直接影響到北極熊的生存。北極熊一般是在3、4月或4、5月這段期間交配，北極熊的母熊會和不同的公熊交配，交配後大概在7月左右冰就融了，牠沒有辦法在海上生活，於是到陸地上來。這隻北極熊如果

在這1年中食物充分，牠的體重可以增加到1倍以上。這樣母體自然就會告訴牠「這個受精卵是可以著床的」，如果沒有到達這個體重，受精卵會自然吸收掉。當母熊知道受精卵著床後，會想辦法找地方挖洞作為牠的產房，一個熊洞，在裡面生產。北極熊是沒有冬眠的，因為冬天才有食物，可是媽媽為了要生產，牠必須在洞裡並且在最靜止的狀態來生孩子。一般來說，在12月左右，會生下小熊。母熊挖洞後進去，外面下雪會把洞覆蓋起來。在冬天的北極，外面的溫度可能會到零下40幾度，但是大家知道雪花是六角形的，一片一片堆疊在一起，它是有空隙的，所以北極熊在裡面可以隔絕掉外面的冷空氣，但空氣還是可以流通的。雖然外面可能零下40度、50度，但在熊洞裡面，因為媽媽體溫的關係，可以維持在0度左右。小熊大概是在12月生下來，北極熊媽媽大約從7月到隔年的2月，共有8個月左右的時間是沒有吃東西，這是全世界的動物裡面最久沒有吃東西的，這個時候奶水快沒有了，體重也減了二分之一，所以牠必須要趕快把小熊帶到海面上去獵食（圖8），一到海面上你就看不到牠了。所以一年當中你要看到媽媽帶小熊在熊洞附近熟悉環境，大概1個禮拜時間，他們就去到海面上了。一年當中你要找到這隻熊，我們叫window of opportunity，要開這扇機會之窗只有1個多禮拜，這是非常非常難的。去的過程我就不講了。很多人看到我拍這張照片或等一下影片給大家看，都會說朱醫師你很幸運，一次就看到了。這麼多年我去看野生動物，發現大概有三分之一的機會能看到我想要看的東西。這次我很幸運，我看到了。

接著第二個經驗是我去看獨角鯨。過去這幾年，我都用空拍機在拍，獨角鯨是很特別的鯨魚，身長大概5米，那隻角是從門牙或犬齒退化出來的一根柱子，大概可以到2米、3米。這隻獨角鯨是所有鯨魚最隱密的、最難看到的，叫做elusive。我第一次去的時候，當地

圖8 北極熊母子。

inuit的導遊問我脊椎有沒有問題？我覺得很奇怪，為什麼要問我脊椎有沒有問題？原因在搭雪橇車。各位知道，搭雪橇車聽起來很浪漫，可是實際搭的時候卻不是這麼一回事。因為冰是不平的，所以會非常的bumpy，一路這樣蹦下去，從坐雪橇車的地方到浮冰邊緣去觀察獨角鯨，要8到10個小時。這一路上的乒乒乓乓，我就領悟為什麼他要問我這個問題。這個雪橇車是敞篷的，沒有遮蔽。當時錯估形勢，我就像林老師一樣，其實不太怕冷。我看到當地的溫度應該是正負2度C左右，而且我去的時候是盛夏，7月。結果，在冰上搭雪橇車，是我感到最冷的一次。拍北極熊的時候，是零下43度，我都會用溫度

計測量，帶了足夠的裝備，在曠野裡站了一天，都不覺得冷。但搭雪橇車真的讓我冷到骨頭裡去，老外看我穿得有點單薄，想要把外套借給我。我又要面子，不能漏氣，我說：「不用不用，沒問題。」其實已經冷到骨頭裡面去了，第一次冷到很不舒服。搭雪橇車也是非常危險的，因為我們是在冰上走到浮冰的邊緣，這邊是固定冰，但冰有時候會漂流，所以有風險，它會裂開。過去我們以為雪橇是由Husky來拉，其實在真實生活裡是沒有辦法用的，冰一裂開，狗就跳不過去，所以雪橇車要過去的時候，必須先用雪上摩托車拉很長的繩子飛過去，另一頭繩子綁在雪橇車上面，摩托車再拉過去。雪橇4米，冰裂有時候很寬，可能2米或3米，拉過去的時候，下面那段是幾乎掉到海裡面，再趕快拉上來。我那時候想，有需要冒生命的危險嗎？我太太如果知道一定不會讓我去。我去看獨角鯨，花了這麼多精神，在冰上搭帳篷紮營，待了6天，好不容易看到一隻獨角鯨在我們前面潛下去，就看到一個尾巴。我有看到，很多人都沒有看到。我帶了很長的鏡頭，一般都會帶600mm的鏡頭才能拍到。有一些不是專門去拍照的人，只是遠遠看，根本就看不到。經過這麼多的努力，到那邊只是看到一個尾巴沉下去，這一段就這樣結束了（圖9）。

時間的關係，再講一下到北歐挪威北邊一個叫阿爾塔（Alta）的地方，在北緯70度的地方。有個原住民遊牧民族的部落叫Sámi（圖10）。Sámi人在羅馬有記載，公元300年左右，有人踩著木頭在雪地上走，所以Sámi人覺得雪橇就是他們發明的。這2、3千年來以飼養馴鹿為生。他們是沒有國界、沒有國家的民族，所以也沒有人保護他們。過去，北方很冷很空曠、沒有價值的一個地方，但現在因為有很多石油開發，所以領土變得寸土寸金，他們就被很多勢力趕來趕去。我去這個地方是因為在網路上看到一個影片「Reindeer spring migration」，我看到那個場景那麼壯觀，幾千隻馴鹿在那邊走。就準

圖10 歐洲僅存的遊牧民族——薩米人（Sámi）。

圖9 只拍到獨角鯨的尾巴。

備了空拍機要過去，出發之前，先Google「Reindeer spring migration」，有時候Google很奇怪，相關的字打來打去，有時候要搜尋很久才跳出一些東西。結果就找到一個人，他說可以帶我去，我就把錢付給他，但付給他以後就沒訊息了。我就跟太太講，果然我們家領導比較有智慧，她說：「我們現在沒有訊息沒關係，不要到了Alta找不到人。」我想想也對。後來過了10天左右，突然E-mail來了，他說他們帶馴鹿在很深的深山裡面，無法接收訊息。到了Alta以後，他就順利地來接我們。過程就是跟著馴鹿，春天到了，融冰後，他們往北方走，有草可以吃了。我跟他們過了一個禮拜的游牧生活，在帳棚裡，每天吃馴鹿的肉。偶爾會去挖冰，釣挪威很特別的鮭魚之類，不過那很不容易釣，雪大概有60公分，冰大概有1.5公尺，必須鑿一個洞，我自己挖了一個小時都挖不出來。那些人孔武有力，也要挖將近半個小時。我們很難得經歷了那些。稍後我們再看影片。

李瑞騰：謝謝朱醫師，再給他鼓掌。我們剛剛聽他講話，朱醫師就是一個旅行家，還是一個攝影師。我們看他拍的那些照片，都非常專業。一開始我們要找到一個放在他大名前面的人，很困難。非常精采，我們謝謝他，他今天還帶了一個禮物，一本到南極北極文章的書，用很漂亮的白話文寫的，曾發表在一個很特別的刊物《臺灣醫界》。這個文章應該發表在《聯合報》，讓很多人來看才好。我們第3位要請一位旅行家鄭有利先生，我們歡迎他。

鄭有利
南極很大，可以旅遊的點非常少

鄭有利：林教授可能是台灣唯一一位在南極過冬的人。南極過冬，有多苦、有多難，各位不知道。我記得15年前台灣有一家日本料理店叫南極餐廳，小小的，在東區。為什麼叫南極餐廳？因為這個台灣人嫁給日本人，日本人在日本的南極工作站過冬，工作站很小，過冬後老公變得有一點憂鬱，跟外界溝通有困難。南極冬天除了緊急事故，飛機是進不去的。再強的破冰船，冬天是不能進到麥克默多站，所以南極過冬是極度的不容易。

朱醫師是台灣少數去過南北極點的人，極少，可能不超過50個人。畫家楊先生，他是台灣——也是低於10個人，前年從拉森冰棚掉出來的A68冰山，全世界最大的冰山，漂了好幾年，他們那一艘船在冰山前面晃了大半天，可能是台灣極少數看到這個奇景的人。

今天來這裡的人，每一個都很厲害，除了我以外。剛剛林教授有談到一本書《世界最險惡之旅》，這是史考特率隊去南極探險之時，成員中有一位作家寫下來的故事。我問過非常多研究南極的人，或者喜歡讀南極書的人，如果你要讀唯一一本南極的書，那就是這本了。裡面有一段記載他們冬天去克羅齊角，第一次拿帝王企鵝蛋的時候，作者說，去的路上，比一次大戰在毒氣漫佈的戰壕還苦。因為他們很多人都經過一次大戰，非常特別。這本書應該還可以買得到，馬可孛羅出版，或者圖書館可能有。這是一開始小小的補充。

接下來我有一個簡單的介紹。南極那麼大，1千4百萬平方公里，你很難想像。到了冬天變成2千8百萬到3千萬平方公里，附近全部都結冰了，南極真的很大，但我們可以去旅遊的點非常少，百分之九十幾都不能去，只有到南極半島這邊的一點點而已。2011年左右，因為污染的問題，破冰船不能帶觀光客進去了。後來俄羅斯的破冰船改成輕柴油，前兩年有再開進去一次。朱先生和楊先生都去過福克蘭和南喬治亞島，其他的地方要進去很困難，要看破冰的程度，現在只有一艘船可以進去，所以我們去的點是非常少的。北極的定義比較tricky，北極是個海，用北極圈內來定義北極最簡單，但是很多地方因為植被的關係，雖然不在北極圈內但已經是屬於北極了。我記得船上有一個探險隊，因為北極有一個定義是，某種針葉林沒了，那個圈內就叫北極。其實南極也很難定義，有人說在南極輻合帶（Antarctic Convergence）以南就是南極，輻合帶就是南太平洋、大西洋、印度洋較溫暖的海水跟南冰洋較冷海水交會的地方。對大多數觀光客來講，像我要去那麼多次，或像楊先生有人贊助他去，都不容易。朱醫師自己花錢去6次已經不得了了，你一生可能只去過一次，那是一個夢想，1990年代的夢想就是這樣。你可能是個觀光客，可能像林老師一樣是個教授，在因緣際會下被拉到南極，還沒有心理準備就跑到南極過冬，這種人其實是最厲害的。你也可能是個工作人員，台灣目前有5位到6位，他們是在南北極的船上工作，路線不會差很多。或者你可能是一個探險家，像這個船上在最後面開船的人，其實算是工作人員，去南極跑馬拉松，或是做比較特別的。我們一輩子可能只去一次，要非常的珍惜。但現在來講，南北極的船多了，以至於各位有非常多的機會在船上工作，或者和林老師一樣莫名其妙到了南極，因為是一生一次。

　　南極旅遊每個畫面都很珍貴，你看到這個是所謂的萬年玄冰──

圖11 萬年玄冰。

冰和最底層的冰，浮上來之後就變成透明的（圖11）。像這樣的畫面，我只看過一次，沒第二次了，很漂亮，後面還有冰山，這也是唯一一次看到（圖12）。

一下船一隻鯨魚就在你面前（圖13）。還有一次，根本來不及拍，三顆鯨魚頭就在我旁邊浮起來後又下去了。企鵝剛好在我們船旁邊游泳，像這個就比較普遍。我們常常要經過冰山破裂後的碎冰區（圖14），破冰區非常危險。有一次小艇全部被卡住，靠小艇的動力已經出不來，需要靠大船把冰弄開。4年前最嚴重的是在羅斯海到紐西蘭中間，有一艘船，不是破冰船，在碎冰區裡面航行，忽然極凍，就是天氣忽然變冷，船上有50幾個人被卡了3個禮拜，船也不能動。

圖12 冰山與企鵝群。

圖13 近距離看到鯨魚。

圖14 碎冰區。

後來中國的雪龍號抵達，也破不了，俄羅斯一艘破冰船去，也破不了，最後，全世界最強的破冰船計畫從美國開30天左右到那邊把冰破開。為什麼呢？其實最硬的冰是像我們把水放在冷凍庫裡頭的冰，長年的海冰都還好。後來開到一半天氣變暖和，慢慢的，雪龍號和破冰船開出一個航道。破冰船不是帶你們去玩的，破冰船是開路的。當結冰以後，它開一條路讓你從後面過去，所以破冰船去是額外的，它非常耗油、耗能源。

　　這個畫面實在太難得（圖15），一群企鵝剛好要回家，11月初，牠們要回去交配生小孩。一群企鵝跳過3米高懸空的冰壁，一直跳，我們看過差不多每50隻或100隻，才跳上去一隻，看了會掉眼淚，看

圖15　一群企鵝跳過冰壁要返家。

這隻撞到頭又掉下來，這隻撞到那邊又彈下來，我們在那邊拍照，相機沒有停過，企鵝要回家的路，不是我們想像中簡單。水裡也沒有踩的地方，是直接從海裡不知道怎麼樣就衝上來，這個不會再看到第二次，太難了。

　　你可以穿著比基尼，我最喜歡帶這種團員。也可以這樣下去游泳，polar plunge就是在冰海中游泳（圖16）。我有游過，其實還滿冷的。

　　我一直認為，冰是大自然中最美的景色之一，所以我很喜歡拍冰，它呈現出來各種的顏色，非常漂亮（圖17）。就像剛剛講的，如果忽然急凍，海水結冰，真的很危險，很多種船艦都沒辦法過去（圖18）。我自己很喜歡這種畫面，很像大自然的藝術一樣。

圖16　在冰海中游泳。

圖17　黃昏的海冰。

圖18　碎冰區。

圖19　東格陵蘭北極圈的極光。

圖20　秋天的苔原。

9月以後在北極有機會看到極光，這是在東格陵蘭北極圈圈內，就在船上拍的（圖19）。東格陵蘭是比較綠的地方，它的秋天苔原顏色就是這麼漂亮（圖20），所以我每次去東格陵蘭都會選擇9月中去，因為它整個像變色葉一樣。北極兔、北極熊，我們看野生動物有一個重要的點，就是看到野生動物人要躲開，不是接近牠，要保護生命，不管你在非洲或者在這些地方，你只不過是一塊行走的肉。對野生動物來講，我們要有自覺。我暫時講這些，等一下還有這樣的故事要和大家分享，謝謝。

　　李瑞騰：謝謝鄭先生，他的本職是一個旅行社的負責人，經營旅行社，10幾年去了南極20幾次，不知道是一個什麼樣的動力，讓人敬佩、感動。我一開始時看到他一本書《呼吸南極》，那本書有一個副題叫做「在世界盡頭找一條路」。看他的書，我開始搜尋相關資料，今天謝謝他百忙中答應。

　　剛剛是第一輪，我們後面請幾位講者把他還沒有講的部分繼續欣賞和聆聽他們的經驗。我們請楊老師。

楊恩生
企鵝一隻一隻跳，
海豹等著吃牠

　　楊恩生：第一段我在介紹自己、推銷自己。因為我對自己很有信心。17歲以前醉生夢死，以後開始畫畫，就變得有朝氣。第二階段推銷我的畫。如果李老師詩興大發，我們可以來合作。張曉風女士是文學家，她看到我的作品，堅持要去海科館，我說妳既然來了，從我的畫挑出6張來寫散文，後來她也寫出來。我們在聯絡這次活動的時候很匆忙，都鎖定在南極北極，忘了跟我要求好康的事，今天有出席名單，按照年紀大小，我來送禮物。有一張畫，我用來做了南極的雨傘，你跟我的唐秘書講，可以提供6把，因為雨傘絕版了，海科館只做了400把。當然，副校長、李主任、朱主任先拿，後面再從年齡最小的開始。剛剛還有提到繪本，我主導了5本繪本，去年也在海科館發行。還有一本《築夢南極》探險專書，開放3套，給這裡的部門，你們統合處理。在座有沒有家裡有小嬰孩，5歲以內的有沒有？2個，我有2床夏天的涼被，也是南極的造型，那只給你，你的孩子小，我現在孫女剛生，1個月大，還沒出生的時候，她已經領到了第1床被子，夏天涼快的被子。

　　接下來，我要推銷我的畫，頰帶企鵝是我貼近了牠的棲息地。我們搭乘登陸艇，非常的顛簸。我是不暈船的，但很容易感冒，我們的船有12個下冰海去游泳的老人家，全部感冒，加上我13個人，不准

我們登陸任何的港口，要回來的時候，後面有一半的行程統統作廢，大家責難我們13個人。之後就在我可以自由出來的時候，我畫了一些素描。船上170幾個澳洲人，他們的情緒變化很大，關在那個方倉裡面，大家用各種方式去娛樂別人，我沒有別的本領，他們希望我畫給他們看，結果我一畫，幾個老太太就把畫畫工具收起來了，他們才知道什麼叫做專業。他們畫了10幾天，我一直在旁邊鼓勵，最後我不得不出手了，他們很受傷，覺得這個台灣人有陰謀。

現在正式介紹我的作品。剛剛幾位科學家、旅行家都有放南極照片，我的投影片都是我自己畫的，其中也有科學家、旅行家提供一些很好的照片，像張隆盛，以前的營建署署長，去年過世。我得到很多的片子，有什麼不一樣，由諸位去看，留一點時間可以問我。這個我形容下水餃（圖21），因為我喜歡吃水餃。企鵝下水是撲通撲通，一隻一隻跳，下面就有海豹等著吃牠。我就拍到了在我的小艇上，有企

圖21 如下水餃般的企鵝群。

鵝被海豹抓到，甩來甩去，衣服上全是牠的血液，那些老太太、老先生在尖叫，我不是尖叫，我拿機器一直拍，拍了一兩百張，可是我不放出來，太血腥了，會把中午吃的東西都吐出來。攝影師就是見獵心喜，可是你還是會難過，那天晚上我們都吃不下飯，因為看到鮭魚排會覺得這是企鵝的屍體。

這個是另外一個冰原上的一家三口（圖22）。機器局部放大一些。放大以後你們就知道企鵝羽毛結構像針尖一樣。這花了很多功夫，沒有唬弄人，羽毛大約花了兩天的時間。可是照片，鄭先生就知道，照片是有景深的。你如果對準前面這隻企鵝，第二隻就不清楚，對準牠的胸部，屁股就不清楚，我全部要把牠還原。

這張也是我很滿意的一張，就是我終於可以從船艙走出來，這是走出來後第一個日落（圖23）。其實那時候是沒有日落，是疑似日落的顏色，我把它畫出來。剛剛不只一位，不管去過沒有，都會

圖22　冰原上的企鵝。

圖23　日落的冰山。

提到Robert Scott，我跟他的兒子Peter Scott很熟，他創辦了英國三個
WWT，水禽與濕地保護中心。我跟他有多熟不講，我甚至看過他爸
爸的遺書，就是1912年在帳棚裡面寫給他太太的那段書信，我也花很
長時間研究Robert Scott，才決定去年要帶我的團隊去南極。這張作品
在1911年拍的時候是黑白的，隨隊有一個攝影師。黑白的作品拍出來
以後100多年，最近網路時代，一些工程師就用電腦重新上色。我一
看，黑白和染色，當然黑白漂亮，那何不用我的專長把它畫出來（圖
24）。這張畫，諸位，我可以跟你們講，真的是非常賠本。一位收藏

圖24 用畫筆重新上色的景象。

家看到了説，你們台師大最近不是要辦一些大活動嗎？我捐100萬，這張畫給我。人家開口了，就給了他，但是我們替90歲的老教授辦慶生會辦成了，一生的學術著作重新復刻，我用了兩張畫，就剛剛那兩張，替我的老師做一點事，以後也不一定有機會。我的助理知道，給你們看太多，我的話就講不完。我願意開放我的時間，有沒有人對我的畫畫、我的人生有提問？我和你們大部分的人不太一樣。

問：老師有提到，在做黑白的畫，用抽象去形容，我覺得很好奇，就是畫一隻真實的企鵝，牠是一個生物。一般我們的觀念，抽象是比較看不懂的，但是您是介紹你在畫羽毛的過程中用抽象來形容，我很好奇這一點。

楊恩生：好，這是一個美學專有名詞的問題，其實很簡單。觀眾可以把企鵝看成一個個似箭簇的銳角三角形，數千個的細密排列，不是一幅抽象藝術嗎？我們在自然界裡面所有的色塊都是抽象的，只有那些不成材的藝術家、藝術史家，硬要説畫企鵝就是畫具象，他看不到企鵝的黑白，黑跟冰的白，其實全世界的東西都是抽象的。在1950年大戰後，曾經被希特勒認為頹廢藝術的抽象就抬頭，我的前輩走寫實路線的就被認為沒有創意。根本不必去管，藝術跟歷史沒有直接的關係。我是喜歡從抽象的角度出發，比方說我看到一個墨綠色的森林，立刻會想到墨綠色的互補色是橘紅色，若要在畫裡面出現一個橘紅色，會是什麼東西呢？水果嗎？出現在森林裡面不合理，出現一隻台灣的朱鸝就很合理，等我把朱鸝畫出來，所有人說，你怎麼想到的？我説我受了抽象藝術的影響，其實大自然裡面什麼都有，太多的人硬把它分成派了。活到65歲，我覺得什麼派都沒有了，過程最重要。我是基督徒，我從大自然中體會的、上帝給我看到的、給我靈感就是這些，沒有那麼複雜，很簡單。謝謝。

李瑞騰：謝謝。我們請朱醫師。

朱建銘
每個季節去，
看到的都不一樣

　　朱建銘：因為時間的關係，第二輪就放我拍的影片給大家欣賞。
這個是薩米人，薩米人是沒有國家的。這是麝香牛（圖25），是我
在北緯70度拍的，牠們在春天的時候會fighting，兩個頭會像火車對
撞，在山谷裡面你可以聽到那個聲音，非常震撼。

圖25　麝香牛。

圖26　白鯨的弓身擊浪。

　　這個是我拍的白鯨，這個動作叫banana，弓身擊浪（圖26），
breaching是飛起來躍身擊浪，banana只有在叫做Somerset的小島上面
才看得到這樣一個獨特的景象，因為牠在非常淺的地方，把身體弓起
來在河床的礫石磨蹭，把皮磨掉，每天要換皮，所以白鯨是所有鯨魚
身上最沒有那些barnacles、寄生蟲，非常乾淨的鯨魚。

　　這個是豎琴海豹，要在冰上面拍，當年要選擇坐船或坐直升機
過去，當然坐船，就是冰要少一點你才有辦法靠近，如果你選擇直
升機就是冰要多，所以在去之前要做好功課，並且慎選，因為選了
一種大概就沒辦法再挑第二種。豎琴海豹（圖27），就是我剛剛講
的，你要選看要冰多還是冰少，這個錄音也是我自己錄的，我用麥克
風去收音，豎琴海豹要到冰上來生產小海豹，生下來整個是純白色

圖27 豎琴海豹。

的。你可以看到還有一點黃黃的，因為還有一些羊水，羊水大概經過3天，牠在冰上滾了以後才會退掉。我還看到臍帶上面有一點血。這個故事是我編的，編成一個很迷人的故事。牠一直在找媽媽，媽媽必須要從海冰上的呼吸孔出來，那麼多的海豹，牠要怎麼辨別？牠就是有這個天性可以聽得到自己的小孩，別的小孩牠不會去養牠。所以牠要過去聞牠的味道，才可以辨認。這首歌有點悲傷，因為海豹的毛皮、Omega3，尤其是東方人特別喜歡的，所以有可能是被人獵殺的對象。這個海豹媽媽可能為了要餵哪一個，彼此有點爭鬥，我有錄下牠們在叫的聲音。這個冰大概差不多要1米，直升機才可以落下來，我那年選對了，我選坐直升機過去，我去的當天實在是非常累了，但是我選擇馬上就過去，我去的第二天就拍到，第三天就沒有了，因為風雪，飛機大概停了3天，沒有辦法飛。我去的時候要從Toronto到

總是面帶微笑(always smile)

圖28 面帶微笑的頰帶企鵝。

Montreal，再到Quebec、Gaspe、 de la Madeleine，要經過幾次的轉機。在這過程當中，全部都講法文的，Quebec也講法文的。轉機的時候，我說要到de la Madeleine，回答我沒有這個，我想糟糕怎麼會沒有這班飛機？我都訂好了，就趕快去問人家。結果人家說是中途那個叫Gaspe的地方，停那個地方，最後我是到貴賓室裡面去才問出來。

　　這個叫Chinstrap，也就是剛才楊教授講的頰帶企鵝（圖28），要築巢的時候，牠要撿石頭，你撿得越多越漂亮，女性才會青睞你。紳士企鵝（Gentoo），要撿3千個，必須要從下面一顆顆撿上來。你看要這樣撿這樣走。為什麼牠要在山上？第一，山上比較有空地，沒有積那麼多雪，一顆顆石頭築起來，雪融了之後才不會積水在那個地方。第二，要離開海邊，上面天敵會比較少一點，所以牠往上走。而且回到這邊以後要開始找牠的伴侶，你看每一隻長得都一樣，

但牠就是找得到另一半。大家看到牠在跳的時候必須要這樣，這個叫
slender walk，要非常修長的。為什麼？你如果沒有這樣，人家會啄
你的眼睛，會被啄瞎的。這個我看了很多書都沒有找到。有一次我在
Macquarie island，有一個解說牌，我如獲至寶，我一直沒有辦法解釋
牠的行為為什麼會這樣子。這個就是剛剛講的下水餃，就是像這樣，
真的在下水餃（圖29）。每一隻企鵝下去前都很猶豫，為什麼？海豹
就在那邊等牠，後面一直擠上來，如果後面有陰險的，就把牠踢下去
了。第一隻掉下去以後，就一隻接著一隻，反正有烈士在前面了。這
個是國王企鵝，牠就搭在牠頭上走路，這是我第一次看到，我不了解
牠的行為意義，查了很多書，也沒有查到，是一個有趣的畫面。這個
地方大概有20萬對的King Penguin，這個就像裝了永備電池的Gentoo
企鵝。企鵝其實大部分時間身上都是糞便。因為牠吃的是磷蝦，磷蝦
是紅色的，所以牠的糞便都是紅色的。你看這麼白、這麼漂亮的，是
剛從海裡上來，剛洗澡過。

　　給大家看一下鳥類的交配（圖30）。有人問我說為什麼你去南極
那麼多次？因為你每個季節去，可以看到不一樣的行為。一個在交配，
一個在孵卵，然後牠在養小企鵝，大概都不同時間。你看到這個，鳥
類牠叫泄殖腔。排泄和生殖是同一個地方，牠沒有分開，所以最後牠
只有一個小小的地方。泄殖腔大概就是解除一瞬間就結束了。很多人
問我說企鵝公的跟母的分不出來。怎麼分啊？各位從這張影片可以分
出來了嗎？不行哦？其實可以，就是背上有腳印的就是母企鵝。

　　這個是企鵝的高速公路，企鵝很辛苦，牠要到山上築巢，必須要
走很長的一段路，下來就比較快。這是小企鵝要跟媽媽索食的時候，
需索無度，所以媽媽用跑的溜下來。這個就是給大家看典型的slender
walk，牠要通過這個十八銅人陣，回到牠的棲息地，就是要走這樣的
步態。

圖29　下水餃的企鵝

圖30　企鵝的交配，

圖31　賊鷗。

　　這個賊鷗，叫skua（圖31），賊鷗叫做賊，就是在等抓蛋或是抓小企鵝，媽媽在旁邊就是要保護牠，趕快把牠啄回來。

　　這個是北極熊，就是我剛剛講的最難的一段，你要看到小的北

圖32　北極熊母子從熊洞出來。

圖33 黑眉信天翁。

極熊，那是最難的。我在這邊很幸運的等到了，找到這個巢穴，牠做的熊洞。媽媽會把這個洞破出來，小熊再跟著出來。這是第一幕（圖32）。接下來小熊牠就會自己出來玩，媽媽會跟著出來看。很多人問我說危不危險？其實我們不是熊的菜，牠不會咬你，可是如果你影響到小熊，牠會來攻擊你，所以離小熊要遠一點。這個畫面，我每次看每次感動。我自己看了那麼多影片，National Geographic也沒這個漂亮，我是不會做行銷，但有一個法國人找我，要買我這個影片，他專門在做北極熊，看到我的影片，跟我談版權的事情。這是Royal Albatross，我好幾次去就是要拍這個信天翁的求偶行為。信天翁求偶是有一些步驟的，叫聲非常淒厲。因為時間關係我們看下一個。這是另外一種信天翁，叫黑眉信天翁（圖33），Black-browed albatross，在西點島拍的。西點島我去了3次，好不容易拍到，牠會交替，嘴巴會打開像筷子一樣動。就給大家欣賞幾段影片，謝謝大家。

李瑞騰：謝謝，我們今天真是大飽眼福。我們有請鄭先生。

鄭有利
不希望把不好的東西
留在那裡

鄭有利：地球暖化非常嚴重，嚴重到可以目睹。我在北極的斯爾瓦巴船上，聽到鳥類學家說，北極斯爾瓦巴，還有部份格陵蘭這個大地區，鳥類每年是以百分之五的數量在減少。為什麼減少呢？因為暖化之後，牠們吃的小魚、小蝦突然變得很肥大，但是沒有營養，牠以為吃飽了，其實營養不夠，以至於繁殖力劇降。第二，在南極有所謂的磷蝦，磷蝦是很底層的食物，很多企鵝，尤其鯨魚，都吃磷蝦。所以我們現在並不是因為去獵殺鯨魚而讓鯨魚的數量減少，而是我們把人家的食物拿走了，所以牠更難活下去。地球暖化跟商業性的獵捕，到現在還沒辦法結束，鯨魚面臨的危機仍未解除。前年去法蘭士約瑟夫，就在斯爾瓦巴的東邊，是俄羅斯領土。我們曾經在巴倫茲海峽，船開不久後，船長就宣布，我們必須停船，因為周圍被100多隻鯨魚圍住。100多隻，看到那個水柱，覺得非常震撼，還是有這麼好的生態，但是不知能維持多久。你看我們那個時候，100多隻鯨魚。牠只要一起來，就會把下面的食物帶上來，所以海鷗都在牠旁邊，很容易找。跟剛剛一樣，信天翁在餵小孩，不同季節去，看到的東西不一樣。這個是Steeple Jason，在福克蘭，全世界黑眉信天翁最大的棲息地。這個是Salisbury Plain，但是現在已經不能上來到小山坡上了，因為怕影響到牠們生態。我們人類一直在探索新的地方，但是探索其

實是污染的開始，你看聖母峰有多少人的屍體跟垃圾。南極一樣，只要有人類的足跡，你要怎麼把破壞降到最低，除非你都不去，那又不可能，這是無解的問題。比方說Deception island，有地熱，一、二十年前有一張照片，有人在沙灘上挖一個洞，在那邊泡溫泉，那是騙人的，為什麼呢？那水溫其實只有3到5度，因為溫差很大，人家都以為這是溫泉，其實不是，是3到5度的冰水。

這是我們人類留下來以前捕鯨用的小木船（圖34），就是獵鯨魚的槍發明之前，利用這種小艇去追鯨魚。有人的地方就有死人，死人都比活人多，在南極很多地方都有墓園。這個是在阿根廷的基地。全是當年殺戮的痕跡，捕鯨船跟處理鯨魚的地方。我們現在講處理好像沒什麼，但是因為鯨魚是打不死的，都是硬拖把牠拖到累死，流血流光才會死掉。殺一隻大象要37發子彈，你沒有辦法把一隻大象殺死，以前在南非克魯格，因為大象過多，為了要控制群組，是用戰鬥直升

圖34 捕鯨用的小艇。

圖35　穿過冰山。

機的機關槍，把一個群組全部殺掉，要花幾千發子彈。以前在南極的捕鯨船，可以不用導航，只要用鼻子導航，因為聞到屍臭味就是快接近港口了。我們去南極會經過很多漂亮的地方，最珍貴的是每次旅程都不一樣，不同的季節不一樣，因為冰會變。像這個冰山卡在利馬水道，這個船長就像騎摩托車一樣把它閃過去（圖35）。因為冰山下面是十分之九，上面是十分之一。這個是我們前年去利馬水道的時候，船停在海冰前面，已經進不去了。沒有人可以進去，我們極限就在這裡，好天氣就是這麼好看。這個就是辛苦的研究站（圖36），可能是夏天2個月在那邊，研究站就這麼多。這個是在 Orcadas，接近南奧克尼群島的那邊，阿根廷站，這是全世界最早的研究站（圖37）。我們

圖36 研究站。

圖37 最早的研究站。

去的時候是第一艘船,每個阿兵哥看我們的眼神都一樣,怎麼會有人過來?然後拎著一些水果過去,他們高興極了,從4月開始過冬,就沒有補給船,直到11月我們到。這是大家最大的期待,去南極半島可以寄明信片的地方。這是Port Lockroy,很多人都希望去,但不代表你一定能去。如果冰太多,你還是登不了岸。我們去南極,不管是誰,一定要注意到這些事情。我看過非常多人做出不好的事情,但往往會被糾正。探險隊長有權力阻止你下船,也就是你只能夠在大船上,不能下去看企鵝。我們自己要有自覺。南極不是你的,南極不屬於任何國家。我們要非常注意行為,我記得有一個塑膠袋被吹走,我跟3個探險隊長在冰上跑了100多公尺,把那個塑膠袋拿回來。還有一個客人手機掉到海裡頭,水那麼深,兩個探險隊員下去把它撿回來。不是

為了什麼英雄救美，只是不希望把任何東西留在那裡，希望大家永遠放在心上。最近南極的船很多，造成一個很不好的事情。那些探險隊員因為經驗不夠，也比較想玩，我們是老鳥，遵守規則，結果他做出很多不合規矩的事，比方說，這是去年發生的，在南喬治亞島，海灘全部是海豹、小海豹，真的整個海灘都是。以前我們規定要繞很遠，他們直接把海豹趕走，讓客人上岸，其實這是不對的，客人會很爽、我也會很爽，哇！這樣開一條路，但你想想看，媽媽在哺育自己的小孩，被趕走，對牠們是有影響的。但沒有辦法，人一多，就有不守規矩的人出現。不管是領隊的，或者是團員，都有可能。我們覺得悲哀的是，大多數人不知道這是違規，以至於他們以為理所當然。很多客人會來跟我講，我說這不對，他們覺得這很爽耶，沒辦法，無解。所以如果能對南極旅遊有更深的了解，會讓我們自己還有未來的旅客有更好的環境。南北極非常像，環境的脆弱性，各方面都很像。我1990就開始研究南極，第一次去是2007年，所以我也想了十幾年。謝謝各位。

李瑞騰：這次我們特別邀請一位沒去過南極、沒去過北極的人，李欣倫老師，她是一位作家，文字非常漂亮，散文是目前年輕一代非常具有特色的作家，她生長在一個中醫師家庭，從小就聞到藥的芬芳，在那樣的環境長大，在我們中央大學從大學部、碩士班、博士班，一路讀上來，讀完了以後，到外面流浪了10年才回到學校，我們等她回來等好久了。歡迎欣倫！

李欣倫
文學家是怎麼樣來捕捉
南極或北極的畫面

　　李欣倫：謝謝李主任。各位老師、各位嘉賓、各位同學，大家午安。今天非常開心能應李主任的邀請，擔任這個場次最後一個觀察報告。剛剛從郭陳澔老師開始，聽到林老師在講的時候，內心滿感動的，老師們雖然是科學研究者，也是非常會說故事的人。特別是林老師，做了那麼多次南極的演講，還特別為「科學與人文的對話」重新設計了投影片，分享在旅途上遇到的人，這是滿動人的地方。還有郭陳澔老師那張兩個人的背影，前面打光，在文學的書寫裡是非常有畫面感的。

　　剛才在聆聽的過程，非常享受科學家的文學敘事。我自己出版幾

本散文集，也有旅行的經驗，雖然還沒有去過南北極。我作的是文學方面的研究，所以我今天會講文學家筆下的南極，用旅行中的心態和觸發來當作今天座談的回應。先引述一段台灣作家也是詩人羅智成的文字，他是1998年去南極的，這本散文集叫《南方以南・沙中之沙》（圖38），

圖38 《南方以南・沙中之沙》書影。

他在裡面提到，南極不是一個人發現得完的，它更像是一群人在數百年之間前後摸索、尋覓、前仆後繼，就像瞎子摸象一樣，每個人都是拿到一小塊碎片，拼湊出來的。今天從郭陳澔老師開始一直到旅行家鄭老師報告之後，我想到了羅智成這一段話。這是一個百年敘事，剛剛有提到Scott，大概經過了一百年的敘事。這個百年的敘事就從各種不同的人、從他們的感知、專業、科學的研究，前仆後繼，來拼湊出關於南極或北極的敘事。關於南極的景色，在羅智成的筆下，有相當多的描述。在引述的這段話裡，他說，他不曾想像過天堂的模樣，但是南極給了他一個想像天堂或虛擬想像的途徑。在這段話裡，對照剛剛鄭老師、楊老師、還有朱醫師的攝影和畫作，可以感覺到，藝術家、文學家、旅行家筆下的南極，常常會讓我們感動。剛剛提到企鵝，大家可以看鄭老師帶來的企鵝照片，羅智成把企鵝描述成黑袍小紳士。在這本書裡面，羅智成提出去南極的理由，我想今天不管是林老師講的，或者其他幾位老師的觀察，把牠們轉換成藝術作品，都可以從這裡找到去南極或去北極的理由。那裡可能是許多旅者的終極旅程，剛剛鄭老師也有稍微提到，或者是英雄主義的最後舞台，也或者是人類官能體驗的新世界。

除了羅智成之外，我們要介紹在場一位詩人，就是我們的李主任。大家進場時都拿到了一組書籤，這是線上朋友沒有辦法拿到的。這個書籤是由去南北極的老師所提供的照片，李老師特別為了這幾張照片題詩，我想趁這個機會來看看文學家的心靈是怎麼樣捕捉南極或北極的畫面。這首詩（圖39）是這樣寫的：「如果我是一座島／航行萬里千年／來自極地的船啊／請停泊在我劫後廢棄的港灣／／如果我是一隻鯨／泅泳在無涯際的蔚藍海岸／而水，漸漸升溫／累世累劫以來我今生如此煎熬」，題目就叫做〈煎熬〉。在李老師的這首詩當中，我們不僅看到景觀的描寫，更重要的像「劫後廢棄的港灣」或者

圖39 〈南極〉書籤正面。

「水漸漸升溫」，呼應了題目「煎熬」。我們在張老師和郭陳澔老師的報告當中，尤其是張老師讓我們看冰川、冰原消退的景象，動態的景象，其實還滿怵目驚心的，因為我們都知道全球暖化，這個詞很常聽到，但它如何變成我們真實的感受，以至於推動日常環保行為，我剛剛看到那些動態的照片，其實滿觸動的。李老師在詩裡面，放入生態和環保的呼籲。鄭老師也有帶來很可愛的企鵝照片，在文學的場域裡，文學家或詩人常常會用同理和共感的角度去想像，如果動物可以說話的話，牠面對身處的環境，會說出怎樣的話？

　　李老師的第二首詩〈企鵝〉（圖40），詩人化身為企鵝，這首詩：

　　我是鳥
　　但我不會飛
　　我走不快
　　但我很會游泳
　　我住在南極

最圖40 〈企鵝〉書籤正面。

但我一點都不怕冷

我喜歡這裡
別打擾我

　　最後兩句說「我喜歡這裡／別打擾我」，其實也注入剛剛講的生
態環保的意念。所以文學家的關懷社會或世界現象，不是用說教的方
式，就像這樣簡短的文字，化身為動物的聲音，來表述他們的想法。

　　林映岑：剛才那張照片是我照的，我知道後面有詩的時候超級感
動。我們事先沒有set好，李老師告訴我寫了這個的時候，我說，你知
道我當初為了這張照片下了什麼名字嗎？我下了「only me」，可是沒
想到一張照片傳過去後，其中的意思還是在的，我覺得很感動。

　　李欣倫：謝謝林老師的補充，大家手上的書籤，應該也有這一
張。剛剛談的是南極，現在我們看北極。李老師也化身為北極熊（圖
41），面對生存環境的威脅，牠會有什麼樣的感受？這首詩：

圖41 〈北極熊〉書籤正反面。

　　我性喜孤獨

　　狩獵為生

　　在雪白的冰雪上

　　我潔白的身軀飛快追捕海豹

　　海豹有毒

　　冰層在消失

　　我族已瀕臨滅絕

　　誰來拭洗我身上沾染的油漬

　　在詩的最後，以一句「誰來洗拭我身上沾染的油漬」作結，很明顯，一樣是呼籲生態環保的概念。

　　下一首詩我還滿喜歡，照片不知道是不是郭陳澔老師提供的。在這首詩的背後，李老師也題了詩（圖42）：「冰川聳立／有藍色的光閃爍／冰在崩落／那是流浪的開始//離土離枝的花／隨風飄又飄啊／終將化而為水／還諸天地」。這首詩就是〈冰震〉，我們可以看到前

圖42　〈冰震〉書籤的正面。

兩句是景觀的描寫，對於大自然的讚歎，用很細膩的文字，宛如攝影機一樣，呈現在我們眼前。第三、四句一樣是生態環保觀念的延續。所以我在看李老師這一系列作品，還有背後科學家的照片，有一種特別的觸動。

　　這個觸動來自於我們看到的壯闊景觀，會被震撼到。但是這個美麗壯闊的景觀，它可能是不幸的，不會是恆常的，就像郭陳澔老師帶來的北極冰川消退一樣，它其實是分秒在變化的。這個變化，我們人類可能是要負很大的責任。我不知道大家有沒有看過這支影片？這個影片是在郭陳澔老師去的那個島，叫做斯瓦爾巴，影片就是在斯瓦爾巴拍的，鋼琴師，其實在義大利非常有名，他應綠色和平組織的邀請，把船開到斯瓦爾巴，就在冰上或海面上用300多塊木頭架設了一個平台，把鋼琴放上去。這個鋼琴師彈奏的曲子叫做〈北極悲歌〉。為了不斷消失的冰，還有全球暖化，寫了這首〈北極悲歌〉，大概2分多鐘，在YouTube可以看得到。在他彈鋼琴的過程當中，可以看到後面的冰，真的不斷崩落，後來有人去訪問這個鋼琴家，他說他自己在彈的時候，內心真的有一種很深沉的悲哀。雖然他第一次踏上這

圖43 〈北極〉書籤正面。

個土地的時候，被北極的純淨驚豔，原來這世上有如此純白、無法用言語形容的白，如此純淨的地方，但就是如此的脆弱。他邊彈，冰就不斷的崩落。影片也拍到他彈奏的時候，頭抬起來望。鋼琴師自己在彈完之後，有一點悲傷的表情看著，無語問蒼天。這是綠色和平組織邀請鋼琴師所做的，呼籲我們人類在環保上面可以做的努力。所以無論是詩人或鋼琴家，或是今天邀請到的畫家、攝影師，或者科學研究者，在我們感到震撼的背後，其實有一首悲歌，不斷流傳著。

　　接下來，再引李老師的詩，這個照片是郭陳澔老師提供的，是在寫北極（圖43），「在極北之地／冰川崩裂如砲擊巨響」有聲音感的出現，剛剛張老師報告的時候，好像也常提到聲音，破裂的聲音。「地球為之震動／我住的小城左右搖晃／／聲紋中藏著上帝的密碼／解讀乃成為我一生懸命」，我是一個讀者，我不知道作者真實的想法，但這個隱藏的上帝密碼，等一下也會給大家看一段，林老師和陳老師走到極地這麼壯闊的場景時，是不是也會感覺到人類的渺小。其實有很多旅行者，他們在面對壯闊的大自然時，才真的發現，自己是非常渺小而脆弱的。接下來「於是急急奔向北方／在核心處探測傾聽」，

這就是李老師的題詩，我們先給李老師一個掌聲。剛剛講的是比較扣緊南北極的主題，但關於旅行，西方有一些旅行作家，也針對旅行——尤其是壯闊的風景，面對壯闊的風景人類會興起某種感受，也做了很深刻的剖析。謝謝。

李瑞騰：謝謝欣倫。今天真的是千載難逢的機會，我們從科學家的研究，在極地裡面的那份心境，到了旅行家、畫家、攝影家等等，現在我們一個沒有去過北極、南極的作家，她有很多旅行的經驗，到尼泊爾、印度等等，台灣各地也都是經常在跑。旅行寫作是我們當前台灣文學發展，一個非常重要的點，因為開放觀光以後，每個人有手機可以拍照，回來後很多人會做成紀錄。怎麼樣把旅行當成一個很重要而且是全神貫注的經營，也有一些旅行寫作的作家，不斷在寫。

謝謝欣倫老師的諒解。今天這樣的安排，我們希望能夠傳達的就是科學研究和人文觀察之間是可以互補的。對我們來說，科學家在那個地方要做的事情，到底要達到什麼樣的目的，我們也了解，只是我們沒辦法做，做了以後也不知道要幹什麼。但是旅遊，今天包括畫家、醫師、旅行者，他們都在旅行。旅行的過程當中，重要的就是生態。生態保育的重要性，對我們來說，可能是最高的價值。人文追求的其實也是這樣。

因為時間的關係，對幾位遠道而來的朋友很抱歉，他們準備了非常多的內容。但是時間有限，沒辦法讓他們暢所欲言，希望以後還會有機會可以聆聽他們珍貴的經驗和感受。

今天我們所在的空間叫做羅家倫講堂，羅家倫曾任中央大學的校長，對中大貢獻很大，這是紀念他的一個場域，旁邊壁上有他的年表，還特別把他的著作、很珍貴的版本，也設計在另一邊，他的書、他的字，各位可以順便看一下。今天就到這個地方結束，非常謝謝綦副校長陪我們從頭到尾，謝謝。

人文與科技對話

──挺進南北極

鄧曉婷 中央大學人文研究中心專員

「挺進南北極」活動海報。

國立中央大學於2021年12月17日下午,在中大教研大樓羅家倫講堂舉辦「挺進南北極」演講座談活動。演講邀請太空系林映岑助理教授、地科系郭陳澔教授及波蘭籍張文和助理教授談他們在南北極進行研究的歷程。另有一場座談,邀請畫家楊恩生、旅行家鄭有利和眼科醫生朱建銘,分享他們多次探訪南北極的所見所聞,並由作家李欣倫進行觀察報告。

一張從南極寄給蔡英文總統的明信片,讓大家注意到正在南極做研究的林映岑。林教授於2019年10月前往美國所屬南極洲的科學研究中心McMurdo站待了54週,進行光學雷達觀測。除了帶回珍貴的研究資料外,在當地生活的感受與體驗值得與大家分享。

2021年8月，郭陳澔教授、張文和助理教授及管卓康研究助理組成的北極探索隊，首次以台灣團隊的方式，成功進入北極圈，放置台灣第一顆在北極圈的地震儀。此行的任務是調查冰川冰震、冰川形貌等，並進行空拍與地質調查。在新冠疫情嚴峻下，團隊克服困難，達成目標，也讓中華民國國旗在極地飄揚，開啟台灣研究的新頁章。

　　畫家楊恩生實際走訪南北極觀察生物，一幅幅珍貴的藝術創作，表達出對地球生態的關懷。瀚世旅行社負責人鄭有利，酷愛野生動物，每年赴非洲、南北極進行生態旅遊。眼科醫師朱建銘多次踏上南北極，透過鏡頭，記錄世界各地的美景、生態及人文風情，期望喚起世人對生態保育的觀念。本校中文系李欣倫教授是國內著名散文作家，她熱愛旅行，喜歡從旅行中省思自我，主辦單位邀請她從寫作及旅行角度，針對這場人文與科技的座談，進行觀察報告。

　　人文研究中心為此活動特別設計了一組書籤，書籤正面為北極探索隊的郭陳澔教授與前往南極做研究的林映岑教授所拍下的珍貴照片，背面則由李瑞騰主任題詩，引領讀者在欣賞南北極美景同時，耳邊似是響起了南北極動物的悲鳴與冰層的崩落聲，從而反思全球暖化與環保議題。

　　這一場人文與科技對話，由本校研發處與人文研究中心合辦。除了科研成果外，由學者及來自各個領域的專家提出在南北極的人文風情、生態、地理美景，藉由不同面向的資訊提供，讓大家有機會一窺南北極的神秘世界。

　　「挺進南北極」全程錄影，可於線上觀賞：https://www.youtube.com/watch?v=BuFRE1vqttE&ab_channel=NCUxMedia

本文原刊於《中大人文報》第7期，2021年12月
網址：http://hcepaper.ncu.edu.tw/content/84

第一座台灣極地研究站
北極冷岸群島正式揭牌成立

文／中央大學地球科學院、秘書室

　　在教育部、海洋委員會、外交部與科技部支持下，國立中央大學、國家海洋研究院與波蘭哥白尼大學共同合作的第一座台灣極地研究站，於台灣時間6月25日下午3:30（冷岸群島上午9:30）正式於北極的冷岸群島揭牌成立。北極極地研究站的設置，象徵我國以環境監測與科學研究作為出發點，積極參與北極事務的宣示。

　　此極地研究站之成立，台灣團隊包括：中央大學應用地質研究所倪春發所長、水文與海洋科學研究所錢樺教授、地球科學系張文和助理教授，以及國家海洋研究院海洋科學資訊中心楊文昌主任、李孟學研究員等5人，6月22日特地從台灣出發，千里迢迢飛往北極參與這項神聖任務。

　　此外，國立中央大學、國家海洋研究院及波蘭哥白尼大學三方為促進國際科學研究合作及人員交流互訪活動，加強海洋及地球科學領域之學術研究與共同發展，以促進永續發展之實現，也透過視訊方式簽訂三方合作協議。合作範疇包括：極區高解析度冰河遷移引致微震觀測、北冰洋洋流與波浪時空變異、冰緣陸域地表地質及地形演化，以及地表變形、地表地下水文與永凍層消退等。

　　台灣各界相當重視此次跨國揭牌和締約儀式，參與歷史見證成員包括：行政院張景森政務委員、海洋委員會劉國列主任秘書、科技部

國立中央大學、國家海洋研究院與波蘭哥白尼大學共同合作的第一座台灣極地研究站於6月25日於北極的冷岸群島正式揭牌成立。（地科學院提供）

自然及永續司羅夢凡司長、國家海洋研究院邱永芳院長、中央大學周景揚校長、吳瑞賢副校長、許協隆國際長、林沛練學務長、周立德主任秘書和地球科學院許樹坤院長等人。

國立中央大學周景揚校長表示，北極是從地面觀測太空磁層的最佳窗口，在全球暖化的效應下，北極正在經歷海洋、氣候、地質與生態劇烈且快速的變動。全世界有志解決暖化問題的國家均紛紛強化極地的觀測與研究，目前世界各國在北極共設置了十數個極地研究站。中央大學地球科學學院涵蓋太空、大氣、海洋、地質與地球物理，具有全方位的極地研究能量。

台灣學者過去赴北極進行研究都要寄人籬下，現在台灣科研人員

國立中央大學、台灣國家海洋研究院及波蘭哥白尼大學三方透過視訊方式，簽訂三方合作協議。（陳如枝攝）

即將要有「自己的家」，對於後續極地研究助益甚大。「台灣極地研究站」英文名稱為「TaiArctic」，Tai即台灣，Arctic為北極，未來研究站門口將掛上青天白日滿地紅的國旗。

　　此次在中央大學波蘭籍張文和助理教授來回奔走穿梭下，獲得長期在北極經營的波蘭哥白尼大學支持，協助台灣設置長期研究站，從建物租賃到搬運儀器，整體設置過程相當順利，張文和老師也是中央大學培育出來的博士，令人感到驕傲。

在教育部、海洋委員會、外交部與科技部支持下，國立中央大學、國家海洋研究院及波蘭哥白尼大學三方順利在北極成立第一座台灣極地研究站。（陳如枝攝）

　　去年台灣北極探索隊進行首次自主的探測，成功獲得珍貴數據資料並獲得國際關注，還受邀共同舉辦極地論壇。但極地探測與監測的科學價值，有賴於資料的長期積累，中央大學與國家海洋研究院已於朗伊爾城租賃實驗空間，作為長期研究之準備，期許創造出更豐碩亮麗的研究成果。

本文原刊於中大新聞・焦點新聞，2022年6月25日
網址：https://www.ncu.edu.tw/tw/news/show.php?num=2190

北極冰川消融第一手觀測
中央大學北極探索隊
打開國際能見度

文／中央大學秘書室

　　氣候變遷為全球關注的議題，中央大學地球科學院北極探索隊
2022年趁勝追擊，展開地球物理探勘、衛星大地測量、永凍層與地下
水監測和北冰洋海流調查等全方位科學任務，順利取得極地第一手寶
貴資料，並與波蘭哥白尼大學展開跨國、跨域之合作研究，不但體現
了國民外交，也為台灣打開了國際能見度。

　　2022中央大學地球科學院北極探索隊，由應用地質研究所倪春發
所長領軍，協同地科系張午龍副教授、張文和助理教授、博士生張倚
瑲、林鼎竣以及碩士生鄭安、蔡芳瑜等人，今年八月飛越了大半個地
球，前往有豐富冰川地形的挪威Svalbard地區（又稱冷岸群島）進行
為期一週的實地觀測研究。

　　由中央大學應地所倪春發教授帶領的永凍層與地下水監測調查，
在天寒地凍之中，於極地研究站附近以人工方式進行鑽井，沿著地球
物理探勘的測線，建置了5口觀測井，以進行水位與溫度及土壤取樣
的分析，同時與波蘭極地研究團隊學者進行跨領域的聯合監測。

　　在全球暖化效應下，多數冰河於近十幾年都有加速消退的情形，
中央大學地科系張午龍副教授說，冰河退化時會顯著減輕它對地殼的
負重，造成所謂的「地殼回彈」（crustal rebound）效應，此次任務已
順利在北極圈架設完成GNSS衛星訊號接收系統，未來可進行觀測

中央大學地球科學院北極探索隊2022年趁勝追擊，為台灣的科學研究打開國際能見度。
（地科學院提供）

中央大學科學團隊在天寒地凍之中，以人工方式鑽掘出5口觀測井，提供水位與溫度及
土壤取樣的分析。（地科學院提供）

中央大學張文和助理教授（左）透過定翼空拍機取得的珍貴的北極冰川影像，
右二為倪春發教授，右一為張午龍副教授。（林彥岑攝）

作業。

　　波蘭籍的中央大學地科系張文和助理教授是北極研究的重要橋樑，透過他的協調連繫，讓觀測儀器的運送、極地研究站的設置，乃至波蘭哥白尼大學的合作都能如魚得水。本次也透過他的空拍專業，以定翼空拍機調查冰川消融而露出之地質特徵，打開前所未見的珍貴影像紀錄。

　　倪春發教授表示，感謝教育部、海洋委員會國家海洋研究院、外交部及科技部的支持下，讓台灣可以跨出極地科學研究的第一步，但極區氣候變化多端，資源相對缺乏，加上低溫環境及供電時間有限，研究工作備受考驗。深入第一線之後，深刻感受到人類的生存環境正面臨威脅，需要有更長遠的眼光、更長期的投入，方能在氣候變遷議題上對國際社會有所貢獻。

本文原刊於中大新聞‧焦點新聞，2022年10月14日
網址：https://www.ncu.edu.tw/tw/news/show.php?num=2228&page=2

立足中央，跨域越界

李瑞騰

　　古之所謂「治學」，乃嚴謹問學，探究知識，可以用司馬遷治史之「欲以究天人之際，通古今之變，成一家之言」來說明其內涵：天人之際即自然現象和人類社會之間相互依存的關係，古今之變即從古到今人類社會的思想和制度之演變，窮究之、通曉之，旨在通過現象以揭示其本質。對於孜孜矻矻的治學者來說，無非是一家之言的建構。

　　春秋時代魯人叔孫豹有「三不朽」（立德、立功、立言）之說，其中「立言」成為古往今來人文思想領域一個崇高的價值命題，影響深遠。但我們今天談治學之「一家之言」，大概很難從那樣的高度來討論，也許就把它轉化成一般性的「自己的見解」吧！如若要著書立說，從資料蒐集、文獻閱讀、安排章節、論證推理、導出結論，有清楚的問題意識、有效的方法運作，不人云亦云、不剽竊、不抄襲，一切以解決問題為依歸。

　　研究資料的獲取，一般來說是在圖書資訊系統，或實驗室，但也有必須移／異地進行田野調查。這基本上不分學科，人社領域之人類學與歷史學，自然科學之地科、大氣等，都有必要作田野的工作，我們現在正在進行編輯的《挺進南北極》一書，就緣起於遠赴極地調查探索的科學研究。

　　本校地科系郭陳澔、張文和等教授組成北極探索隊，埋地震儀以

測冰震；太空系林映岑教授長時間在南極紀錄第一手光學雷達資料。消息披露以後，媒體頗多報導，我們深深地被吸引，並有了人文的關懷，我們想到了地球暖化、生態浩劫；想到了絕美極地必牽引旅者關注之目光；想到文學藝術和極地景致相遇將如何呈現其感官之刺激與心靈之震撼。想這些，就造就了這場人文與科學的對話。

　　感謝畫家楊恩生、旅行家鄭有利、醫師朱建銘、作家李欣倫接受我們的邀請，在科學家的專題短講之後，用豐富多采的照／影片，帶我們遨遊天涯海角。一整個下午，既有科研理性背後的心靈震盪，又有人文藝術感性創造之外的觀物思慮。當日氣溫偏低，而我們心頭暖暖的。

　　因之，我們決定挑戰這樣一本實錄的製作。如所周知，語言表達和文字敘寫之間，存有很大的差異，聲音轉成文字，從逐字稿到流暢可讀的篇章，真不容易啊！為求內容無誤，還是要再次麻煩講者確認；下標、配圖、裝幀等，編輯專業要進來，特別是設計，內情外采要兼顧，我們敬謹從事，力求完美。

　　人文藝術中心元年，是中大在台復校一甲子，我們在《百花川的故事》之後，推出《挺進南北極》，說明我們既愛身邊事物，也關心遙遠的天邊景況之變異。我們立足中央，跨域越界，主體永遠貞定昂揚。

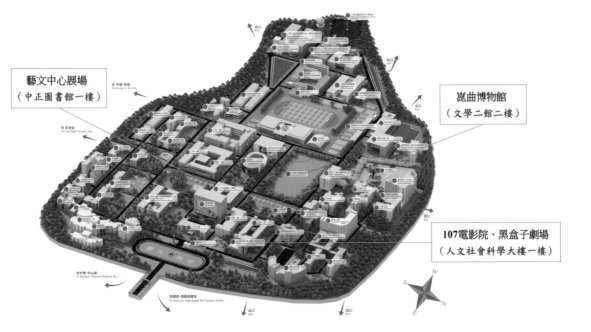

藝文中心展場
（中正圖書館一樓）

崑曲博物館
（文學二館二樓）

107電影院、黑盒子劇場
（人文社會科學大樓一樓）

人文藝術中心所屬展演場地位置圖

國立中央大學
人文藝術中心

本中心成立於2022年，由原人文研究中心、藝文中心及崑曲博物館組成，旨在落實校務發展策略，秉持人文精神，致力校園人文深耕，持續辦理藝術展演及教育推廣活動，共同促進全校人文藝術之發展，讓師生生活在美善的氣氛中，提昇人文藝術涵養。

國家圖書館出版品預行編目(CIP)資料

挺進南北極 / 李瑞騰主編. -- 桃園市 : 國立中央
大學, 2022.12
  112面 ; 23x17 公分. -- (人文中大書系 ; 7)
  ISBN 978-626-96492-4-2 (軟精裝)

  1.CST: 通俗作品 2.CST: 南極 3.CST: 北極

779   111020365

人文中大書系 ⑦

《挺進南北極》

發行人／　　周景揚
出版者／　　國立中央大學
編印／　　　人文藝術中心
地址／　　　桃園市中壢區中大路300號
電話／　　　03-4227151 #33080

主編／　　　李瑞騰
執行編輯／　鄧曉婷‧梁俊輝
文稿編校／　林佳樺‧紀冠全‧曾淑梅、潘殷琪、賴怡如
　　　　　　（按姓氏筆畫排序）

封面設計／　翁翁
美編設計／　不倒翁視覺創意 ononstudio@gmail.com
印刷／　　　松霖彩色印刷事業有限公司

出版日期／　2022年12月
定　　價／　新台幣200元整
ISBN／　　　978-626-96492-4-2
GPN／　　　1011102181